LA COMTESSE

DE CHARNY

PAR

ALEXANDRE DUMAS.

I

PARIS
ALEXANDRE CADOT, ÉDITEUR,
37, RUE SERPENTE.

1852

LA COMTESSE DE CHARNY.

Ouvrages de G. de La Landelle.

Le Morne aux Serpents.	2 vol.
Les Iles de Glace.	4 vol.
Une Haine à Bord.	2 vol.
Les Princes d'Ébène.	5 vol.

Sous presse

Le dernier des Flibustiers.

Ouvrages de Xavier de Montépin.

Le Vicomte Raphaël.	3 vol.
Mignonne.	3 vol.
Brelan de Dames.	4 vol.
Le Loup noir.	2 vol.
Confessions d'un Bohême.	5 vol.
Les Chevaliers du Lansquenet.	10 vol.
Les Viveurs d'autrefois.	4 vol.
Pivoine.	2 vol.
Les Amours d'un Fou.	4 vol.

Sous presse.

Les Oiseaux de Nuit.
Vicomte et Marquise.

Ouvrages d'Alexandre Dumas fils

Tristan le Roux.	3 vol.
La Dame aux camélias.	1 vol.
Aventures de quatre femmes.	6 vol.
Le docteur Servans.	2 vol.
Le Roman d'une femme.	4 vol.
Césarine.	1 vol.

Sous presse.

Monsieur Théodore.
Henri de Navarre.
Les Amours véritables.

Impr. de E. Dépée, à Sceaux (Seine).

LA COMTESSE

DE CHARNY

PAR

ALEXANDRE DUMAS.

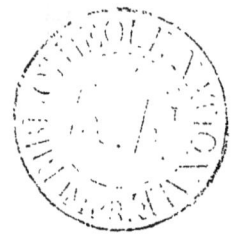

PARIS
ALEXANDRE CADOT, ÉDITEUR,
37, RUE SERPENTE.
1852

I

Où il est discuté sur la véritable signification du mot FIN.

Ceux de nos excellents lecteurs qui se sont inféodés en quelque sorte à nous, ceux qui nous suivent partout où nous allons, ceux pour lesquels il est curieux de ne jamais abandonner, même dans ses écarts, un homme qui, comme nous, a entrepris cette tâche immense, de dérouler feuille à feuille chacune des pages de la monarchie, ont bien dû comprendre en lisant le mot *fin* au bas du dernier feuilleton d'Ange Pitou dans la *Presse*, et même au bas de la dernière page du huitième volume publié par notre éditeur et ami, Alexandre Cadot, qu'il y avait là quelque monstrueuse erreur qui lui serait un jour ou l'autre expliquée par nous.

En effet, comment supposer qu'un auteur dont la prétention, prétention peut-être fort déplacée, est avant tout de savoir faire un livre avec toutes les conditions de ce livre, comme un architecte a la prétention de savoir faire une maison

avec toutes les conditions d'une maison,
va laisser son livre au milieu de son intérêt, sa maison abandonnée au troisième étage.

Voilà pourtant ce qu'il en serait du
pauvre Ange Pitou, si le lecteur avait
pris au sérieux le mot FIN placé justement à l'endroit le plus intéressant du
livre. C'est-à-dire quand le roi et la reine
s'apprêtent à quitter Versailles pour
Paris, quand Charny commence à s'a-
percevoir qu'une femme charmante à
laquelle depuis cinq ans il n'a pas fait
la moindre attention, rougit dès que son
regard rencontre ses yeux, dès que sa
main touche sa main, quand Gilbert et
Billot plongent un œil sombre mais résolu

dans l'abîme révolutionnaire qui s'ouvre devant eux, creusé par les mains monarchiques de Lafayetteet de Mirabeau qui représentent bien l'un la popularité, l'autre le génie de l'époque, enfin, quand le pauvre Ange Pitou, l'humble héros de cette humble histoire, tient en travers de ses genoux, sur le chemin de Villers-Coterets à Pisseleux, Catherine évanouie au dernier adieu de son amant, lequel à travers champs, au galop de son cheval, regagne avec son domestique le grand chemin de Paris.

Et puis, il y a encore d'autres personnages dans ce roman, personnages secondaires, c'est vrai, mais auxquels nos lecteurs ont bien voulu, nous en sommes certains, accorder leur part d'intérêt ; et, nous, on le sait, notre habitude est, dès que nous avons mis un drame en scène, d'en suivre jusqu'au lointain le plus vaporeux du théâtre, non seulement les héros principaux, mais encore les personnages secondaires, mais encore jusqu'aux moindres comparses.

Il y a l'abbé Fortier, ce monarchiste rigide qui, bien certainement, ne se prêtera pas à se transformer en prêtre constitutionnel, et qui préférera la persécution au serment.

Il y a ce jeune Gilbert, composé de deux natures en lutte à cette époque, des deux éléments en fusion, depuis dix ans, de l'élément démocratique auquel il tient par son père, de l'élément aristocratique d'où il sort par sa mère.

Il y a madame Billot, pauvre femme, mère avant tout, et qui, aveugle comme une mère, vient de laisser sa fille sur le chemin par lequel on a passé et qui rentre seule à la ferme déjà si esseulée elle-même depuis le départ de Billot.

Il y a le père Clouï, avec sa hutte au milieu de la forêt, et qui ne sait encore si avec le fusil que vient de lui donner Pitou, en échange de celui qui lui a emporté deux ou trois doigts de la main gauche, il tuera comme avec le premier, cent quatre-vingt-deux lièvres et cent quatre-vingt-deux lapins dans les années ordinaires, et cent quatre-vingt-trois lièvres et cent quatre-vingt-trois lapins dans les années bissextiles.

Enfin, il y a Claude Tellier et Désiré Maniquet, ces révolutionnaires de village qui ne demandent pas mieux que de marcher sur les traces des révolutionnaires de Paris, mais auquels l'honnête Pitou, leur capitaine, leur commandant, leur colonel, leur officier supérieur, enfin, servira, il faut l'espérer, de guide et de frein.

Tout ce que nous venons de dire ne peut que renouveler l'étonnement du lecteur à l'endroit de ce mot FIN, si bizarrement placé au bout du chapitre qu'il termine, qu'il ressemble au sphinx antique accroupi à l'entrée de son antre, sur la route de Thèbes et proposant une insoluble énigme aux voyageurs béotiens.

Nous allons donc en donner l'explication.

Il y eut un temps où les journaux publiaient en même temps les *Mystères de Paris*, d'Eugène Sue, la *Confession générale*, de Soulié, *Mauprat* de madame Sand, *Monte-Cristo*, le *Chevalier de Maison Rouge* et la *Guerre des femmes* de moi.

Ce temps, c'était le bon temps du feuilleton, mais c'était le mauvais temps de la politique.

Qui s'occupait à cette époque des premiers Paris, de M. Armand Bertin, de M. le docteur Véron et de M. le député Chambolle? Personne.

Et l'on avait bien raison, car puisqu'il n'en est rien resté de ces malheureux premiers Paris, c'est qu'ils ne valaient pas la peine qu'on s'en occupât.

Tout ce qui a une valeur quelconque surnage toujours et aborde infailliblement quelque part.

Il n'y a qu'une mer qui engloutisse a jamais tout ce qu'on y jette. — C'est la Mer Morte.

Il paraît que c'était dans cette mer là qu'on jetait les premiers Paris de 1845, 1846, 1847 et 1848.

Puis, avec ces premiers Paris, de M. Armand Bertin, de M. le docteur

Véron et de M. le député Chambolle, on jetait encore pêle-mêle, les discours de M. Thiers et de M. Guizot, de M. Odillon Barrot et de M. Berryer, de M. Molé et de M. Duchâtel. Ce qui ennuyait pour le moins autant MM. Duchâtel, Molé, Berryer, Barrot, Guizot et Thiers, que cela ennuyait M. le député Chambolle, M. le docteur Véron et M. Armand Bertin.

Il est vrai qu'en échange, on taillait avec le plus grand soin les feuilletons des *Mystères de Paris*, de la *Confession Générale*, de *Mauprat*, de *Monte-Cristo*, du *Chevalier de Maison-Rouge* et de la *Guerre des Femmes*, qu'après les avoir lus le matin on les mettait de côté pour les relire le soir. Il est vrai que cela faisait des abonnés aux journaux, et des clients aux cabinets littéraires, il est vrai que cela apprenait l'histoire aux historiens et au peuple, il est vrai que cela créait quatre millions de lecteurs à la France et cinquante millions de lecteurs à l'étranger, il est vrai que la langue française, devenue la langue diplomatique depuis le dix-septième siècle, devenait la langue littéraire au dix-neuvième, il est vrai que le poète qui gagnait assez d'argent pour se faire indépendant, échappait à la pression exercée sur lui jusqu'alors par l'aristocratie et la royauté, il est vrai qu'il se créait dans la société une nouvelle noblesse et un nouvel empire, c'était la noblesse du talent et l'empire du génie; il est vra enfin que cela amenait tant de résultats honorables pour les individus et glorieux pour la France, qu'on s'occupa sérieusement de faire cesser un état de choses qui produisait ce bouleversement, que les hommes considérables d'un royaume fussent réellement les hommes considérés, et que la réputation, la gloire et même l'argent allassent à ceux qui les avaient véritablement gagnés.

Les hommes d'État de 1847, allaient donc, comme je l'ai dit, sérieusement s'occuper de faire ce scandale, — quand l'idée vint à M. Odillon Barrot qui voulait faire un peu de bruit de son côté, de faire non pas de beaux et bons discours à la tribune, mais de faire de mauvais dîners dans les différentes localités où son nom était encore en honneur.

Il fallait donner un nom à ses dîners.

En France, peu importe que les choses portent le nom qui leur convient, pourvu que les choses portent un nom.

En conséquence, on appela ces dîners des banquets réformistes.

Il y avait alors à Paris un homme qui après avoir été prince avait été général, qui après avoir été général avait été exilé, — qui étant exilé avait été professeur de géographie, qui après avoir été professeur de géographie avait voyagé en Amérique; qui après avoir voyagé en Amérique avait résidé en Sicile; qui après avoir épousé la fille d'un roi ensuite, était rentré en France, qui après être rentré en France avait été fait altesse royale par Charles X, et qui enfin, après avoir été fait altesse royale par Charles X, avait fini par se faire roi.

Cet homme c'était Sa Majesté Louis-Philippe 1ᵉʳ, élu du peuple.

Chez nous tous les empereurs, tous les rois, tous les présidents sont élus du peuple.

Ils le disent du moins, jusqu'à ce que le peuple les laisse aller à Sainte-Hélène, ou les envoie à Holyrood, à Claremont ou ailleurs.

Cet homme qui était l'élu du peuple,

et à qui, après qu'il avait été forcé de vivre de ses appointements comme professeur, de son subside comme émigré, à qui, dis-je, le roi Louis XVIII avait rendu tous ses biens qu'il pouvait ne pas lui rendre; comprenez-vous, car ses biens avaient été presque tous vendus pour payer les dettes paternelles; cet homme à qui, disons-nous, le roi Louis XVIII avait rendu le Palais-Royal, Neuilly, le Raincy, Eu, Villers-Cotterêts, ses biens paternels, ses apanages, que sais-je moi; cet homme qui, devenu roi, avait non-seulement gardé le Palais-Royal, Neuilly, le Raincy, Eu, Villers-Cotterêts, ses biens paternels et ses apanages, ce qu'il n'avait pas le droit de faire, attendu que la première loi de l'État s'y opposait ; cet homme qui non-seulement avait gardé tout cela, mais encore à qui l'on avait donné de douze à quinze millions de liste civile, les Tuileries, Saint-Cloud, Rambouillet, Fontainebleau, Blois, quinze châteaux royaux, avec leurs bois, leurs plaines, leurs parcs, leurs dépendances, leurs revenus, leur gibier ; cet homme qui était roi de France, c'est-à-dire roi de ce royaume que Maximilien, s'il eût été Dieu eût laissé à son second fils, comme le plus bel empire qu'il y eût après l'empire du ciel ; ce prince, ce général, ce professeur, ce voyageur, ce roi, cet homme enfin, à qui le malheur et la prospérité eussent dû apprendre tant de choses et n'avaient rien appris, cet homme eût l'idée d'empêcher M. Odillon Barrot de donner ses banquets réformistes, s'entêta à cette idée, ne se doutant pas que c'était un principe auquel il déclarait la guerre, et comme tout principe vient d'en haut, et par conséquent est plus fort que celui qui vient d'en bas ; comme tout ange doit terrasser l'homme avec lequel il lutte, cet homme fût-il Jacob, l'ange terrassa Jacob, le principe terrassa l'homme, et le roi Louis-Philippe fut renversé avec sa double génération de princes, avec ses fils et ses petits-fils.

L'Écriture n'a-t-elle pas dit : La faute des pères retombera sur les enfants jusqu'à la troisième et quatrième génération!

Cela fit assez de bruit en France pour

qu'on ne s'occupât plus pendant quelque temps, ni des *Mystères de Paris,* ni de la *Confession Générale,* ni de *Mauprat,* ni de *Monte-Cristo,* ni de *Maison-Rouge,* ni de la *Guerre des Femmes,* ni même, nous devons l'avouer, de leurs auteurs.

Non, on s'occupa de Lamartine, de Ledru-Rollin, de Cavaignac et du prince Louis-Napoléon.

Mais comme au bout du compte, un peu de calme s'étant rétabli, on s'aperçut que ces messieurs étaient infiniment moins amusants que M. Eugène Sue, que M. Frédéric Soulié, que madame Georges Sand, et même que moi, qui me mets humblement le dernier de tous, on reconnut que leur prose, à part celle de Lamartine, à tout seigneur tout honneur, ne valait pas celle des *Mystères de Paris,* de la *Confession Générale*, de *Mauprat*, de *Monte-Cristo,* du *Chevalier de Maison-Rouge* et de la *Guerre des Femmes,* on invita M. de Lamartine, sagesse des nations, à faire de la prose, pourvu qu'elle ne fût pas politique, et les autres messieurs, moi compris, à faire de la prose littéraire.

Ce à quoi nous nous mîmes immédiatement, n'ayant pas même besoin d'y être invité pour cela.

Alors reparurent les feuilletons, alors redisparurent les premiers-Paris, — alors continuèrent à reparler, sans échos, les mêmes parleurs qui avaient parlé avant la révolution, qui parlaient après la révolution, qui parleront toujours.

Au nombre de tous ces parleurs, il y en avait un qui ne parlait pas, d'habitude, du moins.

On lui en savait gré et on le saluait quand il passait avec son ruban de représentant.

Un jour il monta à la tribune, — mon Dieu, je voudrais bien vous dire son nom, mais je l'ai oublié.

Un jour il monte à la tribune. — Ah! il faut vous dire une chose, la Chambre était de fort mauvaise humeur ce jour-là.

Paris venait de choisir pour son représentant un de ces hommes qui faisaient des feuilletons.

Le nom de cet homme, par exemple, je me le rappelle. — Il s'appelait Eugène Sue.

La Chambre était donc de fort mauvaise humeur qu'on eût élu Eugène Sue, elle avait comme cela sur ses bancs trois ou quatre taches littéraires qui lui étaient insupportables.

Lamartine, Hugo, Félix Piat.

Ce député dont je ne me rappelle pas le nom monta donc à la tribune, profitant adroitement de la mauvaise humeur de la Chambre.

Tout le monde fit chut! et chacun écouta.

Il dit que c'était le feuilleton qui était cause que Ravaillac avait assassiné Henri IV, que Louis XIII avait assassiné le maréchal d'Ancre, que Louis XIV avait assassiné Fouquet, que Damiens avait assassiné Louis XV, que Napoléon avait assassiné le duc d'Enghien, que Louvel avait assassiné le duc de Berry, que Fieschi avait assassiné Louis-Philippe, et, enfin, que M. de Praslin avait assassiné sa femme.

Il ajouta :

Que tous les adultères qui se commettaient, toutes les concussions qui se faisaient, tous les vols qui s'accomplissaient, c'était le feuilleton qui en était cause.

Qu'il n'y avait qu'à supprimer le feuilleton, ou timbrer le feuilleton, le monde à l'instant même ferait halte, et au lieu de continuer sa route vers l'abîme, rétrograderait du côté de l'âge d'or, — qu'il ne pouvait manquer d'atteindre un jour, pourvu qu'il fît à reculons autant de pas qu'il en avait fait en avant.

Un jour le général Foy s'écria :

« Il y a de l'écho en France lorsqu'on y prononce le mot d'honneur et de patrie. »

Oui, c'est vrai, du temps du général Foy il y avait cet écho-là ; nous l'avons entendu, nous qui parlons, et nous sommes bien contents de l'avoir entendu.

Comme nous sommes bien contents d'avoir vu l'Empereur, que nous ne voyons plus depuis longtemps, et que nous ne reverrons jamais, Dieu merci.

— Où est cet écho-là, nous demandera-t-on ?

— Lequel ?

— L'écho du général Foy ?

— Il est où sont les vieilles lunes du poëte Villon, peut-être le retrouvera-t-on un jour, espérons.

Tant il y a que ce jour-là, — pas le jour du général Foy, — il y avait à la Chambre un autre écho.

C'était un étrange écho. Il disait :

« Il est enfin temps que nous flétrissions ce que l'Europe admire, et que nous vendions le plus cher possible ce que tout autre gouvernement, s'il avait le bonheur de l'avoir, donnerait pour rien.

— Le génie.

Il faut dire que ce pauvre écho ne parlait point pour son compte ; il ne faisait que répéter les paroles de l'orateur.

La Chambre, à quelques exceptions près, se fit l'écho de l'écho.

Hélas ! c'est depuis trente-cinq ou quarante ans le rôle des majorités ; à la Chambre comme au théâtre il y a des traditions bien fatales.

Or, la majorité étant de l'avis que tous les vols qui s'accomplissaient, que toutes les concussions qui se faisaient, que tous les adultères qui se commettaient étaient par la faute du feuilleton :

Que si M. de Praslin avait empoisonné sa femme ;

Que si Fieschi avait assassiné Louis-Philippe ;

Que si Louvel avait assassiné le duc de Berry ;

Que si Napoléon avait assassiné le duc d'Enghien ;

Que si Robespierre avait assassiné Louis XVI ;

Que si Damiens avait assassiné Louis XV ;

Que si Louis XIV avait assassiné Fouquet ;

Que si Louis XIII avait assassiné le maréchal d'Ancre ;

Enfin, que si Ravaillac avait assassiné Henri IV, tous ces assassinats étaient évidemment la faute du feuilleton.

La majorité adopta le timbre.

Peut-être le lecteur n'a-t-il pas bien réfléchi à ce que c'était que le timbre, et se demande-t-il comment avec le timbre, c'est-à-dire un centime par feuilleton, on pouvait tuer le feuilleton.

C'est-à-dire, le double de ce que l'on paye à l'auteur, quand l'auteur s'appelle Eugène Sue, Lamartine, Sandeau, Méry, ges Sand ou Alexandre Dumas.

C'est le triple, c'est le quadruple quand l'auteur se nomme d'un nom fort honorable souvent; mais cependant nous n'invoquons que les noms que nous venons de citer.

Or, dites-moi, est-ce qu'il y a une

grande moralité à un gouvernement de mettre, sur une marchandise quelconque, un impôt quatre fois plus considérable que la valeur intrinsèque de la marchandise.

Surtout quand cette marchandise est une marchandise dont on nous conteste la propriété.

« L'esprit. »

Il en résulte donc qu'il n'y a plus de journal assez cher pour acheter des feuilletons-romans.

Il en résulte que presque tous les journaux publient des feuilletons-histoire.

Cher lecteur, que dites-vous des feuilletons-histoire du *Constitutionnel.*

— Peuh !

— Eh bien ! c'est cela justement.

Voilà ce que voulaient les hommes politiques, afin qu'on ne parlât plus des hommes littéraires.

Sans compter que cela pousse le feuilleton dans une voie bien morale.

Ainsi par exemple, on vient me proposer, à moi, qui ai fait *Monte-Cristo*, les *Mousquetaires*, la *Reine Margot*, etc., etc., etc., — on vient me proposer de faire l'histoire du Palais-Royal.

Une espèce de compte en partie double fort intéressant.

D'un côté des maisons de jeu ;

De l'autre côté des maisons de filles.

On vient me proposer à moi, l'homme religieux par excellence :

L'*Histoire des crimes des Papes*.

On vient me proposer... je ne puis pas vous dire ce que l'on vient me proposer.

Ce ne serait rien encore si l'on ne faisait que me proposer *de faire*.

Mais on vient me proposer de *ne plus faire*.

Ainsi, un matin, je reçus cette lettre d'Emile de Girardin :

« Mon cher ami,

« Je désire qu'*Ange Pitou* n'ait plus qu'un demi volume au lieu de six, — que dix chapitres au lieu de cent.

« Arrangez-vous comme vous voudrez, et coupez si vous ne voulez pas que je coupe. »

Je compris parfaitement, parbleu !

Emile de Girardin avait mes *Mémoires* dans ses vieux cartons ; il préférait publier mes *Mémoires,* qui ne payaient pas de timbre, à *Ange Pitou* qui en payait.

Aussi me supprima-t-il six volumes

de Romans pour publier vingt volumes de Mémoires.

Et voilà, cher et bien aimé lecteur, comment le mot *fin* fut mis avant la *fin*.

Comment *Ange Pitou* fut étranglé à la manière de l'empereur Paul Ier, non point par le col, mais par le milieu du corps.

Mais vous le savez par les *Mousquetaires* que vous avez cru morts deux fois, et qui deux fois ont ressuscité, mes héros, à moi, ne s'étranglent pas si facilement que des empereurs.

Eh bien! il en est d'*Ange Pitou* comme des *Mousquetaires*; *Pitou*, qui n'était pas mort le moins du monde, mais qui était disparu seulement, va reparaître, et moi, je vous prie au milieu de ces temps de troubles et de révolutions qui allument tant de torches et qui éteignent tant de bougies de ne tenir mes héros pour trépassés que lorsque vous aurez reçu un billet de faire part signé de ma main.

Et encore !...

II

Le Cabaret du pont de Sèvres.

Si le lecteur veut bien se reporter un instant à notre roman d'*Ange Pitou*, et ouvrant le roman au septième volume, jeter un instant les yeux sur le chapitre intitulé *la Nuit du 5 au 6 Octobre,* il y retrouvera quelques faits qu'il n'est point sans importance qu'il se remette en mémoire, avant de commencer ce livre qui s'ouvre lui-même dans la matinée du 6 du même mois.

Après avoir cité quelques lignes importantes de ce chapitre, nous résumerons les faits qui doivent précéder la reprise de notre récit dans le moins de paroles possibles.

Ces lignes, les voici :

« A trois heures, comme nous l'avons dit, tout était tranquille à Versailles; l'Assemblée elle-même, rassurée par le rapport de ses huissiers, s'était retirée.

« On comptait bien que cette tranquillité ne serait point troublée.

« On comptait mal.

« Dans presque tous les mouvements populaires qui préparent les grandes révolutions, il y a un temps d'arrêt pendant lequel on croit que tout est fini et que l'on peut dormir tranquille.

« On se trompe.

« Derrière les hommes qui font les premiers mouvements il y a ceux qui attendent que les premiers mouvements soient faits, et que fatigués ou satisfaits et dans l'un ou l'autre cas ne voulant pas aller plus loin, ceux qui ont accompli ce premier mouvement se reposent.

« C'est alors qu'à leur tour, ces hommes inconnus, mystérieux, agents des passions fatales, se glissent dans les ténèbres, reprennent le mouvement où il a été abandonné et le poursuivent jusqu'à ses dernières limites, épouvantent à leur réveil ceux qui leur ont ouvert le chemin, et qui s'étaient couchés à la moitié de la route, croyant le but atteint.

Nous avons nommé trois de ces hommes dans le livre auquel nous empruntons les quelques lignes que nous venons de citer.

Qu'on nous permette d'introduire sur notre scène, c'est à dire à la porte du cabaret du pont de Sèvres, un personnage qui pour n'avoir pas été nommé par nous, n'en avait pas moins joué pour cela un moindre rôle dans cette nuit terrible.

C'était un homme de quarante-cinq à quarante-huit ans, vêtu en ouvrier, c'est-à-dire d'une culotte de velours, garantie par un tablier de cuirs à poches comme les tabliers de maréchaux-ferrants et des serruriers ; il était chaussé de bas gris et de souliers à boucles de cuivre, coiffé d'une espèce de bonnet de poil, ressemblant à un bonnet dit hulan, coupé par la moitié ; une forêt de cheveux grisonnants s'échappaient de dessous ce bonnet pour se joindre à d'énormes sourcils et ombragés de compte à demi avec eux, de grands yeux à fleurs de tête, vifs et intelligents, dont les reflets étaient si rapides et les nuances si changeantes qu'il était difficile d'arrêter s'ils étaient verts ou gris, bleus ou noirs ; le reste de la figure se composait d'un nez plutôt fort que moyen, de grosses lèvres, de dents blanches, et d'un teint hâlé par le soleil.

Sans être grand, il était admirablement pris dans sa taille, avait les attaches fines, le pied petit, et l'on eût pu voir aussi qu'il avait la main petite et même délicate, si sa main n'eût eu cette teinte bronzée des ouvriers habitués à travailler le fer.

Mais en remontant de cette main au coude, et du coude jusqu'à l'endroit du bras où la chemise retroussée laissait voir le commencement d'un biceps vigoureusement dessiné, on eût pu voir que malgré la vigueur du muscle la peau qui le couvrait était fine, presqu'aristocratique.

Cet homme, debout, comme nous l'avons dit, à la porte du cabaret du pont de Sèvres, avait apporté de sa main un fusil à deux coups, richement incrusté d'or, sur le canon duquel on pouvait lire le nom de Leclerc, armurier, qui commençait à avoir une grande vogue dans l'aristocratie des chasseurs parisiens.

Peut-être nous demandera-t-on comment une si belle arme se trouvait entre les mains d'un simple ouvrier. A ceci nous répondrons qu'au jour des émeutes et nous en avons vu quelques-unes, ce n'est pas toujours aux mains les plus blanches que l'on voit les plus belles armes.

Cet homme était arrivé de Versailles, il y avait une heure à peu près, et savait parfaitement ce qui s'était passé, car aux questions que lui avait faites l'aubergiste en lui servant une bouteille de vin qu'il n'avait pas même entamée, il avait répondu :

Que la reine venait avec le roi et le dauphin.

Qu'elle était partie à midi à peu près.

Qu'elle s'était enfin décidée à habiter le palais des Tuileries. Ce qui faisait qu'à l'avenir, Paris ne manquerait probablement plus de pain puisqu'il allait posséder le boulanger, la boulangère et le petit mitron.

Et que lui attendait pour voir passer le cortège.

Cette dernière assertion pouvait être vraie, et cependant il était facile de remarquer que son regard se tournait plus curieusement du côté de Paris que du côté de Versailles ; ce qui donnait lieu de croire qu'il ne s'était pas cru obligé de rendre un compte bien exact de son intention au digne aubergiste qui s'était permis de la lui demander.

Au bout de quelques instants, au reste

son attente fut satisfaite, un homme vêtu à peu-près comme lui et paraissant exercer une profession analogue à la sienne parut au haut de la montée qui bornait l'horizon de la route.

Cet homme marchait d'un pas alourdi et comme un voyageur qui a déjà fait un long chemin.

A mesure qu'il approchait on pouvait distinguer ses traits et son âge.

Son âge pouvait être celui de l'inconnu, c'est-à-dire que l'on pouvait affirmer hardiment comme disent les gens du peuple qu'il était du mauvais côté de la quarantaine.

Quant à ses traits, c'étaient ceux d'un

homme du commun, aux inclinations basses, aux instincts vulgaires.

L'œil de l'inconnu se fixa curieusement sur lui, avec une expression étrange, et comme s'il eût voulu mesurer par un seul regard tout ce que l'on pouvait tirer d'impur et de mauvais du cœur de cet homme.

Quand l'ouvrier venant du côté de Paris ne fut plus qu'à vingt pas de l'homme qui attendait sur la porte, celui-ci entra, versa le premier vin de la bouteille dans un des deux verres placés sur la table, et revenant à la porte, ce verre à la main et levé :

— Eh, camarade ! dit-il, le temps est

froid et la route est longue, est-ce que nous ne prenons pas un verre de vin pour nous soutenir et nous réchauffer.

L'ouvrier venant de Paris regarda autour de lui comme pour voir si c'était bien à lui que s'adressait l'invitation.

— Est-ce à moi que vous parlez, demanda-t-il.

— A qui donc s'il vous plaît, puisque vous êtes seul.

— Et vous m'offrez un verre de vin ?

— Pourquoi pas.

— Ah !

— Est-ce qu'on n'est pas du même métier ou à peu près.

L'ouvrier regarda une seconde fois l'inconnu.

— Tout le monde, dit-il, peut être du même métier, le tout est de savoir si dans le métier on est compagnon ou maître.

— Eh bien, c'est ce que nous vérifierons tout à l'heure en prenant un second verre de vin et en causant.

— Allons soit, dit l'ouvrier en s'acheminant vers la porte du cabaret.

L'inconnu lui montra la table et lui tendit le verre.

L'ouvrier prit le verre, en regarda le vin comme s'il eût conçu pour lui une certaine défiance, qui disparut lorsque l'inconnu se fût versé un second verre de liquide bord à bord comme le premier.

— Eh bien, demanda-t-il est-ce qu'on est trop fier pour trinquer avec celui que l'on invite?

— Non, ma foi, et au contraire, à la Nation!

Les yeux gris de l'ouvrier se fixèrent un moment sur celui qui venait de porter ce toast.

Puis il répéta :

— Eh! ma foi oui, vous dites bien : A la nation!

Et il avala le contenu du verre tout d'un trait.

Après quoi il essuya ses lèvres avec sa manche.

— Eh! eh! c'est du bourgogne.

— Et du chenu, hein! On m'a recommandé le bouchon en passant, j'y suis venu et je ne m'en repens pas : mais asseyez-vous donc, camarade, il y en a encore dans la bouteille, il y en aura encore dans la cave.

— Ah çà! dit l'ouvrier, qu'est-ce que vous faites donc là?

— Vous le voyez, je viens de Versailles, et j'attends le cortège pour l'accompagner à Paris.

— Quel cortège ?

— Eh ! parbleu, du roi, de la reine et du dauphin, pour revenir à Paris en compagnie des dames de la halle et de deux cents membres de l'Assemblée, et sous la protection de la garde nationale et de M. de Lafayette.

— Il s'est donc décidé à aller à Paris, le bourgeois ?

— Il a bien fallu.

— Je me suis douté de cela cette nuit, à trois heures du matin, quand je suis parti pour Paris.

— Ah ! ah ! vous êtes parti cette nuit à trois heures du matin, et vous avez quitté Versailles comme cela, sans curiosité de savoir ce qui allait s'y passer.

— Si fait, j'avais quelque envie de savoir ce que deviendrait le bourgeois, d'autant plus que sans me vanter, c'est une connaissance ; mais, vous comprenez, l'ouvrage avant tout : on a une femme et des enfants, faut nourrir tout cela, surtout maintenant qu'on n'aura plus la forge royale.

L'inconnu laissa passer les deux allusions sans les relever.

— C'était donc de la besogne pressée que vous êtes allé faire à Paris, insista l'inconnu.

— Ma foi oui, à ce qu'il paraît, et bien payée, ajouta l'ouvrier en faisant sonner quelques écus dans sa poche, quoiqu'elle m'ait été payée tout simplement par un domestique, ce qui n'est pas poli, et encore par un domestique allemand, ce qui fait qu'on n'a pas causé le moindre brin.

— Et vous ne détestez pas causer, vous.

— Dam! quand on ne dit pas du mal des autres, ça distrait.

— Et même quand on en dit, n'est-ce pas?

Les deux hommes se mirent à rire, l'inconnu en montrant des dents blanches, l'autre en montrant des dents gâtées.

— Ainsi donc, reprit l'inconnu comme

un homme qui avance pas à pas, c'est vrai, mais que rien ne peut empêcher d'avancer, vous avez été faire de la besogne pressée et bien payée.

— Oui.

— Parce que c'était de la besogne difficile sans doute.

— Difficile, oui.

— Une serrure à secret, hein ?

— Une porte invisible. Imaginez-vous une maison dans une maison, quelqu'un qui aurait intérêt à se cacher, n'est-ce pas ? eh bien, il y est et il n'y est pas ; on sonne, le domestique ouvre la porte : — Monsieur ? — Il n'y est pas. — Si fait, il y est. — Eh bien, cherchez. On cherche, bonsoir ; je défie bien qu'on trouve Monsieur. Une porte en fer, comprenez-vous, qu'emboîte une moulure ; ric à rac, on va passer une couche de vieux chêne par-dessus tout cela, impossible de distinguer le bois du fer.

— Oui, mais en frappant dessus ?

— Bah ! une couche de bois sur le fer mince d'une ligne, juste assez épaisse pour que le son soit le même partout. Tac, tac, tac, tac, voyez-vous la chose finie. Moi-même je m'y trompais.

— Et où diable avez-vous été faire cela ?

— Ah ! voilà...

— Ce que vous ne voulez pas dire.

—Ce que je ne peux pas dire, attendu que je ne le sais pas.

— On vous a donc bandé les yeux ?

— Justement ; j'étais attendu avec une voiture à la barrière. On m'a dit : — Êtes-vous un tel, j'ai dit oui. — Bon, c'est vous que nous attendons, montez. — Il faut que je monte ? — Oui. Je suis monté, on m'a bandé les yeux, la voiture a roulé une demi-heure à peu près, puis une porte s'est ouverte, une grande porte ; j'ai heurté la première marche d'un perron, j'ai monté dix degrés, je suis entré dans un vestibule, là, j'ai trouvé un domestique allemand qui a dit aux autres : — Zet bien, allez-fous-zen, on n'a blus pesoin te fous. Les autres se sont en allés, il m'a défait mon bandeau et il m'a montré ce que j'avais à faire. Je me suis mis à la besogne en bon ouvrier, à une heure c'était fait. On m'a payé en beaux louis d'or, on m'a rebandé les yeux, remis dans la voiture, descendu au même endroit où j'étais monté, on m'a souhaité bon voyage, et me voilà.

— Sans que vous ayez rien vu, même du coin de l'œil; que diable! un bandeau n'est pas si bien serré qu'on ne puisse guigner à droite ou à gauche.

— Heu! heu!

— Allons donc, allons donc, avouez que vous avez vû, dit vivement l'étranger.

— Voilà. Quand j'ai fait un faux pas contre la première marche du perron, j'ai profité de cela pour faire un geste, en faisant ce geste, j'ai un peu dérangé le bandeau.

— Et en dérangeant le bandeau, dit l'inconnu avec la même vivacité.

— J'ai vu une ligne d'arbres à ma gauche, ce qui m'a fait croire que la maison était sur le boulevard ; mais voilà tout.

— Voilà tout?

— Ah ça ! parole d'honneur !

— Ça ne dit pas beaucoup.

— Attendu que les boulevards sont longs et qu'il y a plus d'une maison avec grand'porte et perron, du café Saint-Honoré à la Bastille.

— De sorte que vous ne reconnaîtriez pas cette maison.

Le serrurier réfléchit un instant.

— Non, ma foi, dit-il, je n'en serais pas capable.

L'inconnu, quoique son visage ne parût dire d'habitude que ce qu'il voulait bien lui laisser dire, parut assez satisfait de cette assurance.

— Ah çà ! mais, dit-il tout-à-coup comme passant à un autre ordre d'idées, il n'y a donc plus de serrurier à Paris, que les gens qui y font faire des portes secrètes envoient chercher des serruriers à Versailles.

En même temps il versa un plein verre de vin à son compagnon en frappant sur la table avec la bouteille vide, afin que le maître de l'établissement apportât une bouteille pleine.

III

Maître Gamain.

Le serrurier leva son verre à la hauteur de son œil, mira le vin avec complaisance.

Puis, le goûtant avec satisfaction.

— Si fait, dit-il, il y a des serruriers à Paris.

Il but encore quelques gouttes.

— Eh bien?

— Il y a même des maîtres.

Il but encore.

— C'est ce que je me disais.

— Oui, mais il y a maître et maître.

— Ah! ah! fit l'inconnu en souriant, je vois que vous êtes comme saint Eloi, non-seulement maître, mais maître sur maître.

— Et maître sur tous. Vous êtes de l'état?

— Mais, à peu près.

— Qu'êtes-vous?

— Je suis armurier.

— Avez-vous là de votre besogne?

— Voyez ce fusil.

Le serrurier prit le fusil des mains de l'inconnu, l'examina avec attention, fit jouer les ressorts, approuva d'un mouvement de tête le claquement sec des batteries, puis lisant le nom inscrit sur le canon et sur la platine.

— Leclerc, dit-il, impossible, l'ami; Leclerc a vingt-huit ans tout au plus, et nous marchons tous deux vers la cinquantaine; soit dit sans vous être désagréable.

— C'est vrai, dit-il, je ne suis pas Leclerc, mais c'est tout comme.

— Comment, c'est tout comme ?

— Sans doute, puisque je suis son maître.

— Ah ! bon, s'écria en riant le serrurier, c'est comme si je disais : moi, je ne suis pas le roi, mais c'est tout comme.

— Comment ! c'est tout comme, répéta l'inconnu.

— Eh, oui ! puisque je suis son maître, fit le serrurier.

— Oh ! oh ! fit l'inconnu en se levant et en parodiant le salut militaire, serait-ce à M. Gamain que j'ai l'honneur de parler ?

— A lui-même en personne, et pour

vous servir si j'en étais capable, fit le serrurier, enchanté de l'effet que son nom avait produit.

— Diable ! fit l'inconnu, je ne savais pas avoir affaire à un homme si considérable.

— Hein ?

— A un homme si considérable, répéta l'inconnu.

— Si conséquent, vous voulez dire.

— Eh, oui ! Pardon, reprit en riant l'inconnu ; mais, vous le savez, un pauvre armurier ne parle pas français comme un maître, et quel maître, le maître du roi de France.

Puis, reprenant la conversation sur un autre ton :

— Dites-donc, ça ne doit pas être amusant d'être le maître d'un roi.

— Pourquoi cela ?

— Dam ! quand il faut prendre éternellement des mitaines pour dire bonjour ou bonsoir.

— Mais, non.

— Quand il faut dire : — Votre Majesté, prenez cette clef de la main gauche ; — Sire, prenez cette lime de la main droite.

— Eh ! justement, voilà où était le charme avec lui ; car il est bon homme au fond, voyez-vous; une fois dans la forge, quand il avait le tablier devant lui et les bras de sa chemise retroussés, on n'aurait jamais dit le fils aîné de saint Louis, comme ils l'appellent.

— En effet, oui, vous avez raison ; c'est extraordinaire, comme un roi ressemble à un autre homme.

— Oui, n'est-ce pas, il y a longtemps que ceux qui les approchent se sont aperçus de cela.

— Ce ne serait rien s'il n'y avait que ceux qui les approchent qui s'en soient aperçus, dit l'inconnu en riant d'un rire étrange, mais ce sont ceux qui s'en éloignent surtout qui commencent à s'en apercevoir.

Gamain regarda son interlocuteur avec un certain étonnement.

Mais celui-ci, qui avait déjà oublié son rôle en prenant un mot pour un autre, ne lui donna pas le temps de peser la valeur de la phrase qu'il venait de prononcer, et faisant retour à la conversation :

— Raison de plus, dit-il, un homme comme un autre qu'il faut appeler Sire et Majesté ; moi je trouve cela humiliant.

— Mais c'est qu'il ne fallait pas l'appeler Sire ou Majesté ; une fois dans la forge il n'y avait plus de tout cela : je l'appelais Bourgeois, et il m'appelait

Gamain ; seulement je ne le tutoyais pas et il me tutoyait.

— Oui, mais lorsqu'arrivait l'heure du déjeûner ou du dîner, on envoyait Gamain dîner à l'office avec les gens, avec les laquais.

— Non pas ; oh ! non pas, il ne m'a jamais fait cela, au contraire ; il me faisait apporter une table toute servie dans la forge, et souvent, au déjeûner surtout, il se mettait à table avec moi et disait : — Bah ! je n'irai pas déjeûner chez la reine, cela fait que je n'aurai pas besoin de me laver les mains.

— Je ne comprends pas bien.

— Vous ne comprenez pas bien que

quand le roi venait de travailler avec moi, de manier le fer, pardieu ! il avait les mains comme nous les avons, quoi ! ce qui ne nous empêche pas d'être d'honnêtes gens, de sorte que la reine lui disait, avec son petit air bégueule : « Fi, Sire, vous avez les mains sales. » Comme si on pouvait avoir les mains propres quand on vient de travailler à la forge.

— Ne m'en parlez pas, dit l'inconnu, ça fait pleurer.

— Voyez-vous, en somme, il ne se plaisait que là, cet homme, ou dans son cabinet de géographie, avec moi ou avec son bibliothécaire ; mais je crois que c'était encore moi qu'il aimait le mieux.

— N'importe, il n'est pas amusant d'être le maître d'un mauvais élève.

— D'un mauvais élève ! s'écria Gamain ; oh ! non, il ne faut pas dire cela : il est même bien malheureux, voyez-vous, qu'il soit venu au monde roi et qu'il ait eu à s'occuper d'un tas de bêtises comme celles dont il s'occupe, au lieu de continuer à faire des progrès dans son art. Ça ne fera jamais qu'un pauvre roi, il est trop honnête, et ça aurait fait un excellent serrurier. Il y en a un, par exemple, que j'exécrais pour le temps qu'il lui faisait perdre : c'était M. Necker. Lui en a-t-il fait perdre du temps, mon Dieu, lui en a-t-il fait perdre. —

—Avec ses comptes, n'est-ce pas?

— Oui, avec ses comptes bleus, ses comptes en l'air, comme on disait.

— Eh bien! mais mon ami, dites-donc?

— Quoi?

— Ça devait être une fameuse pratique pour vous qu'un élève de ce calibre-là.

— Eh bien! non, justement, voilà ce qui vous trompe, voilà ce qui fait que je lui en veux, à votre Louis XVI, à votre père de la patrie, à votre restaurateur de la nation française, comme on l'appelle sur les médailles, c'est que je devrais être riche comme un Crésus et que je suis pauvre comme un Job.

— Vous êtes pauvre? mais son argent, qu'en faisait-il donc?

— Bon! il en donnait la moitié aux pauvres et l'autre moitié aux riches, de sorte qu'il n'avait jamais le sou. Les Coigny, les Vaudreuil et les Polignac le rongeaient, pauvre cher homme. Un jour il a voulu réduire les appointements de M. de Coigny, M. de Coigny est venu l'attendre à la porte de la forge, de sorte qu'après être sorti cinq minutes, le roi est rentré tout pâle, en disant : « Ah! ma foi, j'ai cru qu'il me battrait. »

— Et les appointements, Sire? que je lui ai demandé.

— Je les lui ai laissés, m'a-t-il répondu ; le moyen de faire autrement?

— Une autre fois il a voulu faire des observations à la reine sur une layette de madame de Polignac, — une layette de trois cent mille francs, dites-donc.

— C'est joli.

— Eh bien! ce n'était pas assez, la reine lui en a fait donner une de cinq cent mille; ainsi, voyez, ces Polignac qu'il y a dix ans n'avaient pas le sou, les voilà qui viennent de quitter la France avec des millions. Si ça avait des talents, encore! Mais donnez-moi à tous ces gaillards-là une enclume et un marteau, ils ne seront point capables de forger un fer à cheval; donnez-leur une lime et un étau, ils ne sont pas capables de fabriquer une vis de serrure; mais, en échange, des beaux parleurs, des chevaliers, comme ils disent, qui ont poussé le roi en avant, et qui, aujourd'hui, le laissent se tirer de là comme il pourra, avec M. Bailly, M. La Fayette et M. Mirabeau, tandis que moi, moi qui lui eusse donné de si bonnes leçons, s'il eut voulu les écouter, il me laisse-là avec quinze cents livres de rentes qu'il m'a faites ; moi, son maître ; moi, son ami ; moi qui lui ai mis la lime à la main.

— Oui, mais quand vous travaillez avec lui, il y a toujours quelque revenant bon.

— Allons, est-ce que je travaille avec lui, maintenant ; d'abord, ça serait me compromettre. Depuis la prise de la Bastille; je n'ai pas mis le pied au palais ; une fois ou deux je l'ai rencontré, la première fois il y avait du monde dans la rue, il s'est contenté de me saluer; la seconde fois c'était sur la route de Satory, nous étions seuls ; il a fait arrêter sa voiture. Eh bien! mon pauvre Gamain, bonjour, a-t-il dit avec un soupir; eh oui, n'est-ce pas, ça ne va pas comme vous voulez, mais ça vous apprendra... et ta femme et tes enfants ? a-t-il interrompu, tout cela se porte-t-il bien ? — Parfaitement ; des apprentis d'enfer, voilà tout. — Tiens ! a dit le roi, tu leur feras ce cadeau de ma part ; et il a fouillé dans ses poches, dans toutes, et il a réuni neuf louis.

— C'est tout ce que j'ai sur moi, mon

pauvre Gamain, a-t-il dit, et je suis tout honteux de te faire un si triste présent.

En effet, vous en conviendrez, il y a de quoi être honteux ; un roi qui n'a que neuf louis dans ses poches, un roi qui fait à un camarade, à un ami, un cadeau de neuf louis !... aussi...

— Aussi vous avez refusé.

— Non, j'ai dit : faut toujours prendre, il en rencontrerait un autre moins honteux que moi, qui les prendrait ; mais c'est égal, il peut bien être tranquille, je ne remettrai pas le pied à Versailles qu'il ne m'envoie chercher, et encore et encore.

— Cœur reconnaissant, murmura l'inconnu.

— Vous dites?

— Je dis que c'est attendrissant, maître Gamain, de voir un dévoûment comme le vôtre survivre à la mauvaise fortune. Un dernier verre de vin à la santé de votre élève.

— Ah! ma foi! il ne le mérite guère; mais n'importe! à sa santé tout de même.

Il but.

— Et quand je pense, continua-t-il, qu'il en avait dans ses caves plus de dix mille bouteilles de vin, dont le moins bon valait dix fois mieux que celui-ci, et qu'il n'a jamais dit à un valet de pied : Un tel, prenez un panier de vin et portez-le chez mon ami Gamain ! — Ah bien oui, il a bien mieux aimé le faire boire par ses gardes-du-corps, par ses Suisses et par ses soldats du régiment de Flandres ; — ça lui a bien réussi.

— Que voulez-vous, dit l'inconnu en vidant son verre à petits coups — les rois sont ainsi — des ingrats ; — mais chut ! nous ne sommes plus seuls.

En effet, trois individus, deux hommes du peuple et une poissarde venaient d'entrer dans le même cabaret et s'étaient assis à la même table faisant le pendant de celle où l'inconnu achevait de vider sa seconde bouteille avec maître Gamain.

Le maître serrurier jeta les yeux sur

eux, et les examina avec une attention qui fit sourire l'inconnu.

En effet, ces trois nouveaux personnages semblaient dignes de quelque attention.

Des deux hommes l'un était tout torse, l'autre était toutes jambes; quand à la femme, il était difficile de savoir ce qu'elle était.

L'homme qui était tout torse ressemblait à un nain : à peine atteignait-il à la taille de cinq pieds, peut-être aussi perdait-il un pouce ou deux de sa hauteur au fléchissement de ses genoux qui, lorsqu'il était debout, se touchaient à l'intérieur malgré l'écartement de ses pieds. Son visage, au lieu de relever cette difformité, semblait la rendre plus sensible encore ; ses cheveux gras et sales s'aplatissaient sur un front déprimé ; ses sourcils, mal dessinés, semblaient avoir été rassortis par hasard, ses yeux étaient vitreux dans l'état habituel, ternes et sans flammes, comme ceux du crapaud ; seulement, dans ses moments d'irritation, ils jetaient une étincelle pareille à celle qui jaillit de la prunelle contractée d'une vipère furieuse ; son nez était aplati, et déviant de la ligne droite, faisait d'autant plus ressortir la proéminence des pommettes de ses joues ; enfin, complétant ce hideux ensemble, sa bouche tordue recouvrait, de ses lèvres jaunâtres, quelques dents branlantes et noires.

Cet homme, au premier abord, semblait avoir dans les veines du fiel au lieu de sang.

Le second, l'opposé du premier dont les jambes étaient courtes et tortues, semblait, au contraire, comme un héron monté sur une paire d'échasses ; sa ressemblance avec l'oiseau auquel nous venons de le comparer était d'autant plus grande que, bossu comme lui, sa tête, complètement perdue entre ses deux épaules, ne se faisait distinguer que par deux yeux qui semblaient deux taches de sang et par un nez long et pointu comme un bec. Comme un héron encore on eût cru au premier moment qu'il avait la faculté de distendre son cou comme un ressort et d'aller éborgner à distance l'individu auquel il aurait voulu rendre ce mauvais office ; mais il n'en était rien, ses bras seuls semblaient doués de cette élasticité refusée à son cou, et ainsi comme il était il n'eut qu'à allonger le droit, sans incliner le moins du monde son corps pour ramasser un mouchoir qu'il venait de laisser tomber, après avoir essuyé son front mouillé à la fois de sueur et de pluie.

Le troisième ou la troisième, comme on voudra, était un être amphibie dont on pouvait bien reconnaître l'espèce, mais dont il était difficile de distinguer le sexe; c'était un homme ou une femme de trente à trente-quatre ans, portant un élégant costume de poissarde avec chaîne d'or et boucles d'oreilles, bavolet et mouchoir de dentelle. Ses traits, autant qu'on pouvait les distinguer à travers la couche de blanc et de rouge qui les couvrait, à travers les mouches de toute forme qui constellaient cette couche de rouge et de blanc, étaient légèrement effacés, comme on les voit chez les races abâtardies. Une fois qu'on l'avait vue, une fois qu'à son aspect on était entré dans le doute que nous venons d'exprimer, on attendait avec impatience que sa bouche s'ouvrît pour prononcer quelques paroles, car on espérait que le son de sa voix donnerait à toute sa personne douteuse un caractère à l'aide duquel il serait possible de le reconnaître ; mais il n'en était rien, sa voix, qui semblait celle d'un soprano, laissait le curieux et l'observateur plus profondément encore plongés dans le doute éveillé par sa personne, l'oreille n'expliquait point l'œil ; l'ouïe ne complétait pas la vue.

Les bas et les souliers des deux hommes, les souliers de la femme, indiquaient que ceux qui les portaient traînaient depuis longtemps dans la rue.

— C'est étonnant, dit Gamain, il me semble que voilà une femme que je connais.

— Soit, mais du moment où ces trois

personnes sont ensemble, mon cher monsieur Gamain, dit l'inconnu, en prenant son fusil et en enfonçant son bonnet sur l'oreille, c'est qu'elles ont quelque chose à faire, et du moment où elles ont quelque chose à faire, il faut les laisser ensemble.

— Mais vous les connaissez donc? demanda Gamain.

— Oui, de vue, répondit l'inconnu. — Et vous?

— Moi, je répondrais que j'ai vu la femme quelque part.

— A la cour, probablement, dit l'inconnu.

— Ah bien, oui, une poissarde.

— Elles y vont beaucoup depuis quelque temps.

— Si vous les connaissez, nommez-moi donc les deux hommes, cela m'aidera bien certainement à reconnaître la femme.

— Les deux hommes ?

— Oui.

— Lequel voulez-vous que je vous nomme le premier ?

— Le bancal ?

— Jean-Paul Marat.

— Ah ! ah !

— Après !

— Le bossu ?

— Prosper Verrières.

— Ah ! ah !

— Eh bien, cela vous met-il sur la trace de la poissarde ?

— Ma foi non.

— Cherchez ?

— Je donne ma langue aux chiens.

— Eh bien, la poissarde...

— Attendez.

— Mais non... mais si... mais non...

— Si fait.

— C'est... impossible !

— C'est vrai, cela a l'air d'être impossible au premier abord.

— C'est...

— Allons, je vois bien que vous ne le nommerez jamais et qu'il faut que je le nomme. — La poissarde, c'est le duc d'Aiguillon.

A ce nom prononcé, la poissarde tressaillit et se retourna ainsi que les deux autres hommes.

Tous trois firent un mouvement pour se lever comme on ferait devant un chef à qui l'on voudrait marquer sa déférence.

Mais l'inconnu mit son doigt sur ses lèvres et passa.

Gamain le suivit croyant qu'il rêvait.

A la porte, il fut heurté par un individu qui semblait fuir, poursuivi par des gens qui criaient :

— Le coiffeur de la reine ! le coiffeur de la reine !

Parmi ces gens qui couraient et qui criaient, il y en avait deux qui portaient chacun une tête sanglante au bout d'une pique.

C'étaient les deux têtes des deux malheureux gardes, Varicourt et Deshuttes qui, séparées du corps par un modèle, nommé le Grand Nicolas, avaient été placées chacune au bout d'une pique.

Ces têtes, nous l'avons dit, faisaient partie de la troupe qui courait après le malheureux qui venait de heurter Gamain.

— Tiens, monsieur Léonard, dit celui-ci.

— Silence ! ne me nomme pas ! s'écria celui-ci en se précipitant dans le cabaret.

— Que lui veulent-ils donc? demanda le serrurier à l'inconnu.

— Qui sait, répondit celui-ci, ils veulent peut-être lui faire friser les têtes de ces pauvres diables. On a de si singulières idées en temps de révolution.

Et il se confondit dans la foule, laissant Gamain, dont, selon toute probabilité, il avait tiré tout ce dont il avait besoin, regagner, comme il l'entendait, son atelier de Versailles.

III

Cagliostro.

Il était d'autant plus facile à l'inconnu de se confondre dans cette foule, que cette foule était nombreuse.

C'était l'avant-garde du cortège du roi, de la reine et du dauphin.

On était parti de Versailles, comme

l'avait dit le roi vers une heure de l'après-midi.

La reine, M. le dauphin, madame Royale, M. le comte de Provence, madame Elisabeth et Andrée (1) étaient montés dans le carrosse du roi.

Cent voitures avaient reçu les membres de l'Assemblée Nationale qui s'étaient déclarés inséparables du roi.

Le comte de Charny et Billot étaient

---

(1) Nous parlons toujours dans la conviction, ou du moins dans l'espérance où nous sommes que nos lecteurs d'aujourd'hui sont nos lecteurs d'hier et par conséquent sont familiarisés avec nos personnages. Nous ne croyons donc pas que nous ayons besoin de leur rappeler autre chose sinon que mademoiselle Andrée de Taverney, n'est autre que la comtesse de Charny, la sœur de Philippe, et la fille du baron Taverney Maison-Rouge.

restés à Versailles pour rendre les derniers devoirs au baron Georges de Charny, tué comme nous l'avons dit dans cette terrible nuit du cinq au six Octobre, et pour empêcher qu'on ne mutilât son corps comme on avait mutilé ceux des gardes du corps Varicour et Deshuttes.

Cette avant-garde dont nous avons parlé, qui était partie de Versailles deux heures avant le roi, et qui le précédait d'un quart d'heure à peu près, était ralliée en quelque sorte aux deux têtes des gardes qui leur servaient de drapeau.

Les têtes s'étant arrêtées au cabaret du pont de Sèvres, l'avant-garde s'était arrêtée avec elle et en même temps qu'elle.

Cette avant garde se composait de misérables déguenillés et à moitié nus, écume flottant à la surface de toute inondation que l'inondation soit d'eau ou de lave.

Tout à coup il se fit dans cette foule un grand tumulte, — on venait d'apercevoir les bayonnettes de la garde nationale et le cheval blanc de La Fayette qui précédaient immédiatement la voiture du Roi.

La Fayette aimait fort les rassemblements populaires, c'était au milieu du peuple de Paris, dont il était l'idole, qu'il régnait véritablement.

Mais il n'aimait pas la populace.

Paris avait comme Rome son plèbe et sa plébicula.

Il n'aimait pas surtout ces sortes d'exécutions que la populace faisait elle-même; on a vu qu'il avait fait tout ce qu'il avait pu pour sauver Flesselles, Foulon et Berthier de Sauvigny.

C'était donc à la fois pour lui cacher son trophée et conserver les insignes sanglants qui constataient sa victoire que cette avant-garde avait pris les grands devants.

Mais il paraît que renforcés sans doute du triumvirat qu'ils avaient eu le bonheur de rencontrer dans le cabaret, — les porte-étendards avaient trouvé un moyen d'éluder La Fayette, car ils refusèrent de partir avec leurs compagnons, — et décidèrent que, Sa Majesté ayant déclaré qu'elle ne voulait pas se séparer de ses fidèles gardes, — ils attendaient Sa Majesté pour lui faire cortége.

En conséquence, l'avant-garde ayant pris des forces se mit en chemin.

Cette foule qui s'écoulait sur la grande route de Versailles à Paris, — pareille à cet égout débordé qui après un orage entraîne dans ses flots noirs et boueux les habitants d'un palais qu'il a trouvé sur son chemin et renversé dans sa violence, avait de chaque côté de la route une espèce de remous formé par la population des villages environnant cette route et accourant pour voir ce qui se passait. Parmi ceux qui accouraient ainsi, quelques-uns, c'était le petit nombre, se mêlaient à la foule, faisant cortège au roi, jetant son cri et ses clameurs au milieu de toutes ces clameurs et de tous ces cris, mais le plus grand nombre restait aux deux côtés du chemin immobile et silencieux.

Dirons-nous pour cela qu'ils étaient bien sympathiques au roi et à la reine, non, car à moins d'appartenir à la classe aristocratique de la société, tout le monde, même la bourgeoisie, souffrait peu ou point de cette effroyable famine qui venait de s'étendre sur la France, donc ils n'insultaient pas le roi, la reine et le dauphin, — ils se taisaient, — et le silence de la foule est peut-être pis encore que son insulte.

En échange au contraire, cette foule cria de tous ses poumons vive Lafayette lequel ôtait de temps en temps son chapeau de la main gauche et saluait avec son épée de la main droite, et vive Mirabeau, lequel passait de temps en temps aussi sa tête par la portière du carrosse où il était entassé, lui sixième, afin d'aspirer à pleine poitrine l'air extérieur nécessaire à ses larges poumons.

Ainsi le malheureux Louis XVI pour qui tout était silence, entendait applaudir devant lui la chose qu'il avait perdue, la popularité, et celle qui lui avait manqué toujours, — le génie.

Gilbert, comme il avait fait au voyage du roi, seul, marchait confondu avec tout le monde, à la portière droite du carrosse du roi, c'est-à-dire du côté de la reine.

Marie-Antoinette qui n'avait jamais pu comprendre cette espèce de stoïcisme de Gilbert auquel la roideur américaine avait ajouté une nouvelle âpreté, regardait avec étonnement cet homme qui, sans amour et sans dévouement pour ses souverains, remplissant simplement près d'eux ce qu'il appelait un devoir, était prêt à faire pour eux cependant tout ce que l'on fait par dévouement et par amour.

Plus ; car il était prêt à mourir et beaucoup de dévouements et d'amours n'allèrent point jusque là.

Des deux côtés de la voiture du roi et de la reine, outre cette espèce de file de gens à pieds qui s'étaient emparés de ce poste, les uns par curiosité, les autres pour être prêts à secourir, en cas de besoin, les augustes voyageurs ; très peu, dans de mauvaises intentions, marchaient sur les deux revers de la route, pataugeant dans une boue de six pouces de hauteur, les dames et les forts de la Halle qui semblaient rouler de temps en temps au milieu de leur fleuve bigarré de bouquets et de rubans un flot plus compact.

Ce flot, c'était quelques canons ou quelques caissons chargés de femmes chantant à haute voix et criant à tue-tête.

Ce qu'ils chantaient, c'était notre vieille chanson populaire :

> La boulangère a des écus
> Qui ne lui coûtent guère...

Ce qu'ils disaient, c'était cette nouvelle formule de leur espérance.

— Nous ne manquerons plus de pain maintenant, nous ramenons le boulanger, la boulangère et le petit mitron.

La reine semblait écouter tout cela sans y rien comprendre, elle tenait debout, entre ses jambes, le petit dauphin qui regardait cette foule, de cet air effaré dont les enfants de prince regardent la foule à l'heure des révolutions ; comme nous avons vu, nous, le roi de Rome, le duc de Bordeaux et le comte de Paris la regarder.

Seulement notre foule à nous, est plus dédaigneuse et plus magnanime que celle-là, car elle est plus forte et elle comprend qu'elle peut faire grâce.

Le roi de son côté regardait tout cela avec son regard terne et alourdi, il avait à peine dormi la nuit précédente, il avait mal mangé à son déjeuner, le temps lui avait manqué pour rajuster et repoudrer sa coiffure, sa barbe était longue, son linge fripé, toutes choses infiniment à son désavantage. —

Hélas! le pauvre roi n'était pas l'homme des circonstances difficiles.

Aussi dans toutes les circonstances difficiles pliait-il la tête, un seul jour il la releva, ce fut sur l'échafaud, au moment où elle allait tomber.

Madame Elisabeth était cet ange de douceur et de résignation que Dieu avait mis près de ces deux créatures condamnées, qui devait consoler le roi au Temple de l'absence de la reine, consoler la reine à la Conciergerie de la mort du roi.

M. de Provence, là, comme toujours, avait son regard oblique et faux, il savait bien que, pour le moment du moins, lui ne courait aucun danger. — C'était en ce moment-là, pourquoi? on n'en sait rien, la popularité de la famille, peut-être était-ce parce qu'il était resté en France, quand son frère le comte d'Artois était parti.

Mais, si le roi eût pu lire au fond du cœur de M. de Provence, reste à savoir si ce qu'il y eût lu lui eût laissé bien intacte cette reconnaissance qu'il lui avait vouée pour ce qu'il regardait comme du dévouement.

Andrée semblait de marbre, elle — Elle n'avait pas mieux dormi que la reine, pas mieux mangé que le roi, mais les besoins de la vie ne semblaient point faits pour cette nature exceptionnelle; —

elle n'avait pas eu plus de temps pour soigner sa coiffure ou changer d'habits, et cependant, pas un cheveu de sa coiffure n'était dérangé, pas un pli de sa robe n'indiquait un froissement inaccoutumé ; — comme une statue, ces flots qui s'écoulaient autour d'elle sans qu'elle parût y faire attention, semblaient la rendre plus lisse et plus blanche. — Il était évident que cette femme avait au fond de la tête et du cœur une pensée unique et lumineuse pour elle seule, ou tendait son âme, comme tend à l'étoile polaire l'aiguille aimantée, espèce d'ombre parmi les vivants. Une chose seule indiquait qu'elle vécût, c'était l'éclair involontaire qui s'échappait de son regard, chaque fois que son œil rencontrait l'œil de Gilbert.

A cent pas à peu près, avant d'arriver au petit cabaret dont nous avons parlé, le cortège fit halte.

Les cris redoublèrent sur toute la ligne.

La reine se pencha légèrement en dehors de la portière, et ce mouvement qui ressemblait à un salut, fit courir dans la foule un long murmure.

— Monsieur Gilbert, dit-elle.

Gilbert s'approcha de la portière. Comme depuis Versailles il tenait son chapeau à la main, il n'eut point besoin de l'ôter pour donner une marque de respect à la reine.

— Madame, dit-il.

Ce seul mot, par l'intonation précise avec laquelle il fut prononcé, indiquait que Gilbert était tout aux ordres de la reine.

— Monsieur Gilbert, reprit-elle, que chante donc, que dit donc, que crie donc votre peuple.

On voit, par la forme même de cette phrase, que la reine l'avait préparée d'avance, et que, depuis longtemps sans doute, elle l'avait mâchée entre ses dents avant de la cracher par la portière à la face de cette foule.

— Toujours la même.

Puis avec une profonde expression de mélancolie :

— Hélas, madame, dit-il, ce peuple que vous appelez mon peuple, a été le vôtre autrefois, et voilà un peu moins de vingt ans que M. de Brissac, un charmant courtisan que je cherche vainement ici, vous montrait du balcon de l'Hôtel-de-Ville, ce même peuple criant : vive la dauphine, et vous disait :

— Madame, vous avez là deux cent mille amoureux.

La reine se mordit les lèvres, il était impossible de prendre cet homme en défaut de répartie ou en faute de respect.

— Oui, c'est vrai, dit la reine, cela prouve seulement que les peuples changent.

Cette fois Gilbert s'inclina, mais ne répondit pas.

— Je vous avais fait une question, monsieur Gilbert, dit la reine, avec cet acharnement qu'elle mettait à pousser à bout les choses même qui devaient lui être désagréables.

— Oui, madame, dit Gilbert, et je vais y répondre puisque votre Majesté insiste. Le peuple chante :

>La boulangère a des écus
>Qui ne lui coûtent guère...

Vous savez, qui le peuple appelle la boulangère ?

— Oui, monsieur, je sais qu'il me fait cet honneur, je suis déjà habituée à ces sobriquets, il m'appelait madame Defüch. Y a-t-il quelque analogie entre ce premier surnom et le second ?

— Oui, madame, et vous n'aurez pour vous en assurer, qu'à peser les deux premiers vers que je viens de vous dire :

La boulangère *a des écus*
Qui ne lui coûtent guère...

La reine répéta.

—A des écus qui ne lui coûtent guère, je ne comprends pas, monsieur.

Gilbert se tut.

— Eh bien, reprit la reine avec impatience, n'avez-vous point entendu que je ne comprend pas.

— Et votre Majesté continue d'insister sur une explication.

— Sans doute.

— Cela veut dire, madame, que votre Majesté a eu des ministres très complaisants, des ministres des finances surtout, M. de Calonne par exemple; le peuple sait que votre Majesté n'avait qu'à demander pour qu'on lui donnât, et comme cela ne coûte pas grand peine de demander quand on est reine, attendu qu'en demandant on ordonne, le peuple chante :

> La boulangère *a des écus*
> Qui ne lui coûtent guère...

C'est-à-dire, qui ne lui coûtent que la peine de les demander.

La reine crispa sa main blanche posée sur le velours rouge de la portière.

— Bien. Soit, dit-elle, voilà pour ce qu'il chante ; maintenant, s'il vous plaît, monsieur Gilbert, puisque vous expliquez si bien sa pensée, passons à ce qu'il dit.

— Il dit madame : — Nous ne manquerons plus de pain maintenant que nous tenons le *boulanger, la boulangère et le petit mitron.*

— Vous allez m'expliquer cette seconde insolence aussi clairement que la première, n'est-ce pas, j'y compte ?

— Madame, dit Gilbert avec sa même

douceur mélancolique, si vous vouliez bien peser, non pas les mots, peut-être, mais l'intention de ce peuple, vous verriez que vous n'avez pas tant à vous en plaindre que vous le croyez.

— Voyons cela, dit la reine avec un sourire nerveux, vous savez que je ne demande pas mieux que d'être éclairée, monsieur le docteur, voyons donc, j'écoute, j'attends.

— A tort ou à raison, madame, on lui a dit, à ce peuple, qu'il se faisait à Versailles un grand commerce de farine, et que c'était pour cela que les farines n'arrivaient plus à Paris. Qui nourrit ce pauvre peuple ? le boulanger et la boulangère du quartier ; vers qui le père, le mari, le fils tournent-ils leurs mains suppliantes, quand faute d'argent, l'enfant, la femme ou le père meurent de faim ? vers ce boulanger et cette boulangère; qui supplie-t-il après Dieu qui fait pousser les moissons ? ceux-là qui distribuent le pain. N'êtes-vous pas, madame, le roi n'est-il pas, cet auguste enfant n'est-il pas lui-même, n'êtes-vous pas tous trois, enfin, les distributeurs du pain de Dieu. Ne vous étonnez donc pas du doux nom que ce peuple vous donne, et remerciez-le de cette espérance qu'il a, qu'une fois que le roi, la reine et M. le dauphin seront au milieu de douze cent mille affamés, ces douze cent mille affamés ne manqueront plus de rien.

La reine ferma un instant les yeux et on lui vit faire un mouvement de la mâchoire et du col, comme si elle essayait d'avaler sa haine en même temps que cette âcre salive qui lui brûlait la gorge.

— Et ce qu'il crie, ce peuple, ce qu'il crie, là-bas, devant nous et derrière nous, devons-nous le remercier ? comme des sobriquets qu'il nous donne, comme des chansons qu'il nous chante ?

— Oh ! oui, madame, et plus sincèrement encore, car cette chanson qu'il chante n'est que l'expression de sa bonne humeur, car ces sobriquets qu'il vous donne ne sont que la manifestation de ses espérances ; mais ces cris qu'il pousse, c'est l'expression de son désir.

— Ah! le peuple désire que MM. Lafayette et Mirabeau vivent.

Comme on le voit, la reine avait parfaitement entendu, les chants, les dire et même les cris.

— Oui, madame, dit Gilbert, car en vivant, M. Lafayette et Mirabeau, qui sont séparés comme vous le voyez en ce moment, séparés par l'abîme au-dessus duquel vous êtes suspendus, car, en vivant, M. de Lafayette et M. de Mirabeau peuvent se réunir, et en se réunissant, sauver la monarchie.

— C'est-à-dire, alors, monsieur, s'écria la reine, que la monarchie est si bas qu'elle ne peut être sauvée que par ces deux hommes.

Gilbert allait répondre, quand des cris d'épouvante, mêlés d'atroces éclats de rire se firent entendre; et quand on vit s'opérer dans la foule un grand mouvement qui, au lieu d'éloigner Gilbert le rapprocha de la portière où il se cramponna, devinant que quelque chose se passait ou allait se passer, qui allait peut-être nécessiter pour la défense de la reine, l'emploi de sa parole et de sa force.

C'étaient les deux porteurs de têtes qui, après avoir fait poudrer et friser ces têtes par le malheureux Léonard, voulaient se donner l'horrible plaisir de présenter ces deux têtes à la reine, comme ils s'étaient donnés, les mêmes peut-être, celui de présenter à Bertier la tête de son beau-père Foulon.

Ces cris, c'étaient ceux que faisaient pousser la vue de ces deux têtes, cette foule qui s'écartait, se refoulant d'elle-même, s'ouvrait épouvantée pour les laisser passer.

— Au nom du ciel, madame, dit Gilbert, ne regardez pas à droite.

La reine n'était pas femme à obéir à une pareille injonction sans s'assurer de la cause pour laquelle elle lui était faite.

En conséquence, son premier mouvement fut de tourner les yeux vers le point que lui interdisait Gilbert.

Elle jeta un cri terrible !

Mais tout à coup ses yeux se détachèrent de l'horrible spectacle, comme s'ils venaient de rencontrer un spectacle plus horrible encore, et rivés à une tête de Méduse, ne pouvaient plus s'en détacher.

Cette tête de Méduse, c'était celle de l'inconnu que nous avons vu causant et buvant avec maître Gamain au cabaret du pont de Sèvres, et qui se tenait debout, les bras croisés et appuyé contre un arbre.

La main de la reine se détacha de la portière de velours, et s'appuyant sur l'épaule de Gilbert, elle s'y crispa un instant à enfoncer les ongles dans la chair.

Gilbert se retourna.

Il vit la reine pâle, les lèvres blêmes et frémissantes, les yeux fixes.

Peut-être eût-il attribué cette surexcitation nerveuse à la présence des deux têtes, si sa vue eût été arrêté sur l'une ou sur l'autre.

Mais le regard plongeait horizontalement devant lui à hauteur d'homme.

Gilbert suivit la direction du regard, et comme la reine avait poussé un cri de terreur, il en poussa, lui, un d'étonnement.

Puis tous deux murmurèrent en même temps :

— Cagliostro !

L'homme appuyé contre l'arbre, voyait parfaitement la reine et Gilbert.

Il fit de la main un signe à ce dernier comme pour lui dire viens.

En ce moment les voitures firent un mouvement pour se remettre en route.

Par un mouvement machinal, instinctif, naturel, la reine poussa Gilbert pour qu'il ne fût point écrasé par la roue.

Il crut qu'elle le poussait vers cet homme.

D'abord, la reine ne l'eût-elle point poussé, une fois qu'il l'avait reconnu pour ce qu'il était, il n'était, en quelque sorte, plus maître de ne pas aller à lui.

En conséquence, immobile, il laissa défiler le cortège, puis suivant le faux ouvrier, qui de temps en temps se retournait pour voir s'il était suivi, il entra dans une petite ruelle, monta vers Belle-Vue par une pente assez rapide et disparut derrière un mur, juste au moment où, du côté de Paris, disparaissait le cortège, aussi complètement caché par la déclivité de la montagne que s'il se fût enfoncé dans un abîme.

V

La Fatalité.

Gilbert suivit son guide qui le précédait à vingt pas de distance à peu près jusqu'à la moitié de la montée. Là, comme on se trouvait en face d'une grande et belle maison, celui qui marchait le premier tira une clef de sa poche et ouvrit une petite porte destinée à donner passage au maître de cette maison, quand celui-ci voulait entrer et sortir sans mettre ses domestiques dans la confidence de sa sortie ou de sa rentrée.

Il laissa la porte entrebâillée, ce qui signifiait aussi clairement que possible que le premier entré invitait son compagnon de route à le suivre.

Gilbert entra et repoussa doucement la porte qui, si doucement repoussée qu'elle fut, tourna silencieusement sur ses gonds et se referma sans qu'on entendît claquer le pène.

Une pareille serrure eût fait l'admiration de maître Gamain.

Une fois entré, Gilbert se trouva dans

un corridor, à la double muraille duquel étaient incrustés à hauteur d'homme, c'est-à-dire de manière à ce que l'œil ne perdît aucun de leurs merveilleux détails, des panneaux de bronze moulés sur ceux dont Ghiberti a enrichi la porte du baptistaire de Florence.

Les pieds s'enfonçaient dans un moëlleux tapis de Turquie.

A gauche était une porte ouverte.

Gilbert pensa que c'était à son intention encore que cette porte était ouverte, et entra dans un salon tendu de satin de l'Inde avec des meubles de la même étoffe que la tapisserie. Un de ces oiseaux fantastiques comme en peignent ou en brodent les Chinois, couvrait le plafond de ses ailes d'or et d'azur, et soutenait entre ses serres le lustre, qui, avec des candélabres d'un travail magnifique représentant des touffes de lys, servaient à éclairer le salon.

Un seul tableau ornait le salon et faisait pendant à la glace de la cheminée.

Il représentait une vierge de Raphaël.

Gilbert était occupé à admirer ce chef-d'œuvre, lorsqu'il entendit ou plutôt lorsqu'il devina qu'une porte s'ouvrait derrière lui.

Il se retourna et reconnut Cagliostro sortant d'un cabinet de toilette.

Un instant lui avait suffi pour effacer

les souillures de ses bras et de son visage, pour donner à ses cheveux encore noirs le tour le plus aristocratique, et pour changer complètement d'habit.

Ce n'était plus l'ouvrier aux mains noires, aux cheveux plats, aux chaussures souillées de boue, à la culotte de velours grossier et à la chemise de toile cirée.

C'était le seigneur élégant que déjà deux fois nous avons présenté à nos lecteurs, dans *Joseph Balsamo* d'abord, ensuite dans le *Collier de la Reine*.

Son costume couvert de broderies, ses mains étincelantes de diamants, contrastaient avec le costume noir de Gilbert et le simple anneau d'or, présent de Washington, qu'il portait au doigt.

Cagliostro s'avançait la figure ouverte et riante, il tendit ses bras à Gilbert.

Gilbert s'y jeta.

— Cher maître ! s'écria-t-il.

— Ah ! un instant, dit en riant Cagliostro, vous avez fait, mon cher Gilbert, depuis que nous nous sommes quittés de tels progrès, en philosophie surtout, que c'est vous qui aujourd'hui êtes le maître, et moi qui suis à peine digne d'être l'écolier.

— Merci du compliment, dit Gilbert ; mais en supposant que j'eusse fait de pareils progrès, comment le savez-vous, il y a huit ans que nous ne nous sommes vus.

— Croyez-vous donc, cher docteur, que vous soyez de ces hommes qu'on ignore parce qu'on cesse de les voir; je ne vous ai pas vu depuis huit ans, c'est vrai, mais depuis huit ans je pourrais presque vous dire, jour par jour, ce que vous avez fait.

— Ah! par exemple!

— Doutez-vous donc toujours de ma double vue?

— Vous savez que je suis mathématicien.

— C'est-à-dire incrédule. Voyons donc, alors. Vous êtes venu une première fois en France, rappelé par vos affaires de famille ; les affaires de famille ne me regardent pas, et par conséquent...

— Non pas, fit Gilbert, croyant embarrasser Cagliostro, dites, cher maître.

— Eh bien, cette fois il s'agissait pour vous de vous occuper de l'éducation de votre fils Sébastien, de le mettre en pension dans une petite ville à dix-huit ou vingt lieues de Paris, et de régler vos affaires avec votre fermier, un brave homme que vous retenez à Paris bien contre son gré, et qui pour mille raisons aurait bien besoin à sa ferme.

— En vérité, mon maître, vous êtes prodigieux.

— Oh! attendez donc. La seconde fois vous êtes revenu en France, parce que les affaires politiques vous y ramenaient, comme elles y ramènent bien d'autres ; puis, vous aviez fait certaine brochure que vous aviez envoyée au roi Louis XVI, et comme il y a encore un peu de vieil homme en vous, comme vous êtes plus orgueilleux de l'approbation d'un roi que vous ne le seriez peut-être de mon prédécesseur en éducation près de vous, Jean-Jacques Rousseau, qui est bien autre chose qu'un roi cependant, s'il vivait encore. Vous étiez désireux de savoir ce que pensait du docteur Gilbert le petit-fils de Louis XIV, de Henri IV et de saint Louis, par malheur, il existait une vieille petite affaire à laquelle vous n'aviez pas songé, et à laquelle cependant j'ai dû de vous trouver un beau jour tout sanglant dans une grotte des îles Açores, où mon bâtiment faisait relâche par hasard, la poitrine trouée d'une balle. Cette petite affaire concernait mademoiselle Andrée de Taverney, devenue comtesse de Charny, en tout bien tout honneur, et pour rendre service à la reine. Or, comme la reine n'avait rien à refuser à la femme qui avait épousé le comte de Charny, la reine demanda et obtint à votre intention une lettre de cachet, vous fûtes arrêté sur la route du Havre à Paris, et conduit à la Bastille, où vous seriez encore, cher docteur, si le peuple un jour ne l'avait renversée d'un revers de sa main; aussitôt, en bon royaliste que vous êtes, mon cher Gilbert, vous vous êtes rallié au roi, dont vous voilà le médecin par quartier. Hier, ou plutôt ce matin, vous avez puissamment contribué au salut de la famille royale en courant réveiller ce bon Lafayette, qui dormait du sommeil du juste, et tout-à-l'heure, quand vous m'avez vu, croyant que la reine, qui, soit dit entre parenthèse, mon cher Gilbert, vous déteste, était en péril, vous vous apprêtiez à faire à votre souveraine un rempart de votre corps. Est-ce bien cela ? ai-je oublié quelque particularité de peu d'importance, comme une séance de magnétisme en présence du roi, le retrait de certaine cassette de certaines mains qui s'en étaient emparées par le ministère d'un certain Pasdeloup. Voyons, dites, et si j'ai commis une erreur ou un oubli, je suis prêt à faire amende honorable.

Gilbert était demeuré stupéfait devant cet homme singulier qui savait si bien préparer ses moyens d'effet, que celui sur lequel il opérait était tenté de croire que, pareil à un Dieu, il avait le don d'embrasser à la fois l'ensemble du monde et ses détails, de lire dans le cœur des hommes et dans les desseins de Dieu.

— Oui, c'est bien cela, dit-il, et vous êtes toujours le magicien, le sorcier, l'enchanteur Cagliostro.

Cagliostro sourit avec satisfaction; il était évident qu'il était fier d'avoir produit sur Gilbert l'impression que malgré lui Gilbert laissait paraître sur son visage.

Gilbert continua.

— Et maintenant, dit-il, comme je vous aime certes autant que vous m'aimez, mon cher maître, et que mon désir de savoir ce que vous êtes devenu depuis notre séparation est au moins aussi grand que celui qui vous a fait vous informer de ce que j'étais devenu moi-même, voulez-vous me dire, s'il n'y a pas d'indiscrétion dans ma demande, en quel lieu du monde vous avez répandu votre génie et exercé votre pouvoir.

Cagliostro sourit.

— Oh! moi, dit-il, j'ai fait comme vous, j'ai vu des rois, beaucoup même, mais dans un autre but; vous vous approchez d'eux pour les soutenir, moi, je m'approche d'eux pour les renverser; vous essayez de faire un roi constitutionnel, et vous n'y arrivez pas, moi, je fais des empereurs, des rois, des princes philosophes, et j'y arrive.

— Ah! vraiment, interrompit Gilbert d'un air de doute.

— Parfaitement. Il est vrai qu'ils avaient été admirablement préparés par Voltaire, d'Alembert et Diderot, ces nouveaux Mécènes, ces sublimes contempteurs des dieux, et aussi par exemple de ce cher roi Frédéric, que nous avons eu le malheur de perdre ; mais enfin, vous le savez, excepté ceux qui ne meurent pas, comme moi et le comte de Saint-Germain, nous sommes tous mortels. Tant il y a que les reines sont belles, mon cher Gilbert, et qu'elles recrutent des soldats qui combattent contre eux-mêmes, des rois qui poussent au renversement des trônes plus fort que les Boniface VIII, les Clément VII et les Borgia, n'ont jamais poussé au renversement de l'autel. Ainsi, nous avons d'abord l'empereur Joseph II, le frère de notre bien-aimée reine, qui supprime les trois quarts des monastères, qui s'empare des biens ecclésiastiques, qui chasse de leurs cellules jusqu'aux carmélites, et qui envoie à sa sœur Marie-Antoinette, des gravures représentant des religieux décapuchonnés essayant des modes nouvelles, et des moines défroqués se faisant friser. Le roi de Danemarck, qui a commencé par être le bourreau de son médecin Struensée, et qui, philosophe précoce, disait à dix-sept ans : « C'est M. de Voltaire qui m'a fait homme et qui m'a appris à penser. » Nous avons l'impératrice Catherine, qui fait de si grands pas en philosophie, tout en démembrant la Pologne bien entendu, que Voltaire lui écrivait : « Diderot, d'Alembert et moi, nous vous dressons des autels. » Nous avons la reine de Suède, nous avons enfin beaucoup de reines de l'empire et toute l'Allemagne.

— Il ne vous reste plus qu'à convertir

le pape, mon cher maître, et comme je crois que rien ne vous est impossible, je crois que vous y arriverez.

— Ah! quant à celui-là ce sera difficile, je sors de ses griffes : il y a six mois que j'étais au Château-Saint-Ange, comme il y a trois mois que vous étiez à la Bastille.

— Bah! et les Transtévérains ont-ils aussi renversé le Château-Saint-Ange, comme le peuple du faubourg Saint-Antoine a renversé la Bastille?

— Non, mon cher docteur, le peuple romain n'en est pas encore là. Oh! soyez tranquille, cela viendra un jour : la papauté aura ses cinq et six octobre, et, sous ce rapport-là, Versailles et le Vatican se donneront la main.

— Mais je croyais qu'une fois entré au Château-Saint-Ange, on n'en sortait pas ?

— Bah ! et Benvenuto Cellini.

— Vous êtes-vous fait comme lui une paire d'ailes, et, nouvel Icare, vous êtes-vous envolé par-dessus le Tibre ?

— C'eût été fort difficile, attendu que j'étais logé, pour plus grande précaution évangélique, dans un cachot très profond et très-noir.

— Enfin, vous en êtes sorti ?

— Vous le voyez, puisque me voilà.

— Vous avez, à force d'or, corrompu votre geôlier ?

— J'avais du malheur, j'étais tombé sur un geôlier incorruptible.

— Incorruptible ! diable !

— Oui ! mais par bonheur il n'était pas immortel : le hasard, un plus grand que moi dirait la Providence, fit qu'il mourut le lendemain du troisième refus qu'il fit de m'ouvrir les portes de la prison.

— Subitement?

— Oui.

— Ah !

— Il fallut le remplacer, on le remplaça.

— Et celui-là n'était pas incorruptible?

— Celui-là, le jour même de son entrée en fonctions, en m'apportant mon souper, me dit : Mangez bien, prenez des forces, car nous aurons du chemin à faire cette nuit. Pardieu ! le brave homme ne mentait pas, la même nuit nous crevâmes chacun trois chevaux et nous fîmes cent milles.

— Et que dit le gouverneur quand il s'aperçut de votre fuite ?

— Il ne dit rien : il revêtit le cadavre de l'autre geôlier qui n'était pas encore inhumé, des habits que j'avais laissés, il lui tira un coup de pistolet au beau milieu du visage, il laissa tomber le pistolet à côté de lui, déclara que m'étant procuré une arme, il ne savait comment, je m'étais brûlé la cervelle, fit constater ma mort et fit enterrer le geôlier sous mon nom, de sorte que je suis bel et bien trépassé, mon cher Gilbert, que j'aurais beau dire que je suis vivant, qu'on me répondrait par mon acte de décès, et que l'on me prouverait que je suis mort; mais on n'aura pas besoin de me prouver cela, il m'allait assez bien pour le moment de disparaître de ce monde, j'ai donc fait un plongeon jusqu'au sombre bord, comme dit l'illustre abbé Delille, et j'ai reparu sous un autre nom.

— Et comment vous appelez-vous, que je ne commette pas d'indiscrétion ?

— Mais, je m'appelle le baron Dannoné, je suis banquier génois, j'escompte les valeurs de Monsieur, frère du roi; bon papier, n'est-ce pas? dans le genre de celui de M. le cardinal de Rohan. Mais par bonheur, dans mes prêts, ce n'est pas sur l'intérêt que je me retire. Vous savez que ma science, mon cœur et ma bourse, aujourd'hui comme toujours, sont à votre service.

— Merci!

— Ah! parce que vous croyez me gêner, peut-être, parce que vous m'avez rencontré sous un pauvre costume d'ouvrier. Oh! ne vous préoccupez point de cela, c'est un de mes déguisements. Vous savez mes idées sur la vie, c'est un long carnaval, où l'on est toujours un peu plus ou un peu moins masqué: en tous cas, tenez, mon cher Gilbert, si jamais vous avez besoin d'argent, voici dans ce secrétaire ma caisse particulière, particulière, vous entendez, la grande caisse est à Paris, rue Saint-Claude, au Marais. Si donc vous avez besoin d'argent, que j'y sois ou que je n'y sois pas, vous entrerez, je vous montrerai à ouvrir ma petite porte, vous pousserez le ressort; tenez, voilà comment on le pousse, et vous trouverez là toujours à peu près un million.

Cagliostro poussa le ressort, le devant du secrétaire s'abaissa de lui-même et mit à jour un amas d'or et plusieurs liasses de billets de caisse.

— Vous êtes, en vérité, un homme

prodigieux, dit en riant Gilbert, mais, vous le savez, avec mes vingt mille livres de rente, je suis plus riche que le roi; et maintenant, ne craignez-vous point d'être inquiété à Paris?

— Moi! à cause de l'affaire du collier? Allons! je n'aurais avec l'état où en sont les esprits, je n'aurais qu'à dire un mot pour faire une émeute. Vous oubliez que je suis un peu l'ami de tout ce qui est populaire : de La Fayette, de M. Necker, du comte de Mirabeau, de vous-même.

— Et qu'êtes-vous venu y faire à Paris?

— Qui sait! ce que vous avez été faire

aux États-Unis, peut-être, une République.

Gilbert secoua la tête.

— L'esprit de la France n'est point républicain, dit-il.

— Nous lui en ferons un autre : voilà tout.

— Le roi restera.

— C'est possible.

— La noblesse prendra les armes.

— Mais alors, que ferez-vous?

— Alors, nous ne ferons pas une république, nous ferons une révolution.

Gilbert laissa tomber sa tête sur sa poitrine.

— Si nous en arrivons-là, Joseph, ce sera terrible dit-il.

— Terrible, si nous rencontrons sur notre route beaucoup d'hommes de votre force, Gilbert.

— Je ne suis pas fort, mon ami, dit Gilbert, je suis honnête, voilà tout.

— Hélas! c'est bien pis, aussi voilà pourquoi je voudrais vous convaincre, Gilbert.

— Je suis convaincu.

— Que vous nous empêcherez de faire notre œuvre.

— Ou du moins que nous vous arrêterons en chemin.

— Vous êtes fou, Gilbert, vous ne comprenez pas la mission de la France : la France est le cerveau du monde, il faut que la France pense et pense librement, pour que le monde agisse, comme elle pensera librement aussi. Savez-vous ce qui a renversé la Bastille, Gilbert ?

— C'est le peuple.

— Vous ne m'entendez pas : vous prenez l'effet pour la cause. Pendant cinq cents ans, mon ami, on a renfermé à la Bastille des comtes, des seigneurs, des princes, et la Bastille est restée debout. Un jour un roi insensé eut l'idée d'y renfermer la pensée : la pensée à qui il faut l'espace, l'étendue, l'infini ; la pensée a fait éclater la Bastille et le peuple est entré par la brêche.

—C'est vrai, murmura Gilbert.

— Vous rappelez-vous ce qu'écrivait Voltaire à M. de Chauvelin, le 2 mars 1764, c'est-à-dire voilà près de vingt-sept ans?

— Dites toujours.

— Voltaire écrivait :

« Tout ce je vois jette les semences d'une révolution qui arrivera immanquablement, et dont je n'aurai pas le plaisir d'être le témoin. Les Français vont tard à tout, mais ils arrivent. La lumière est tellement répandue de proche en proche, qu'elle éclatera à la première occasion, et alors ce sera un beau tapage.

« Les jeunes gens sont bien heureux, ils verront de belles choses. »

— Que dites-vous du tapage d'hier et d'aujourd'hui, hein?

— Terrible.

— Que dites-vous des choses que vous avez vues?

— Effroyables.

— Eh bien, vous n'êtes qu'au commencement, Gilbert.

— Prophète de malheur!

— Tenez, j'étais il y a trois jours chez

un médecin de beaucoup de mérite, un philanthrope : savez-vous à quoi il s'occupe en ce moment-ci?

— Il cherche un remède à quelque grande maladie réputée incurable.

— Ah bien oui, il cherche à guérir, non pas de la mort, mais de la vie.

— Que voulez-vous dire?

— Je veux dire, épigramme à part, qu'il trouve, ayant la peste, le choléra, la fièvre jaune, la petite vérole, les apoplexies foudroyantes, cinq cents et quelques maladies réputées mortelles, mille ou douze cents qui peuvent le devenir quand elles sont bien soignées, je veux dire qu'ayant le canon, le fusil, l'épée, le

sabre, le poignard, l'eau et le feu, la
chute du haut des toits, la potence, la
roue, il trouve qu'il n'y a pas encore assez de moyens de sortir de la vie, quand
il n'y en a qu'un seul pour y entrer ; et il
invente en ce moment-ci une machine
fort ingénieuse, ma foi, dont il compte
faire hommage à la nation, et avec laquelle la nation pourra mettre à mort
cinquante, soixante, quatre-vingts personnes en moins d'une heure. Eh bien !
mon cher Gilbert, croyez-vous que lorsqu'un médecin aussi distingué, un philanthrope aussi humain que le docteur
Guillotin s'occupe d'une pareille machine,
il ne faille pas reconnaître que le besoin
d'une pareille machine se faisait sentir,
d'autant plus que je la connaissais, cette

machine, d'autant plus que ce n'était pas une chose nouvelle, mais seulement inconnue ; et la preuve, c'est qu'un jour que je me trouvais chez le baron de Tavernay, eh! pardieu! vous devez vous souvenir de cela, car vous y étiez aussi, mais alors vous n'aviez des yeux que pour une petite fille nommée Nicole ; — la preuve, c'est que la reine étant revenue là par hasard, elle n'était encore que dauphine, ou plutôt elle n'était pas dauphine ; — enfin la preuve est que je lui fis voir cette machine dans une carafe, et que la chose lui fit si grand peur, qu'elle jeta un cri et perdit connaissance. Eh bien! mon cher, cette machine qui était encore dans les limbes à cette époque, si vous voulez la voir fonctionner, un jour on l'essaiera. Ce jour-là je vous ferai prévenir, et, ou vous serez aveugle, où vous reconnaîtrez le doigt de la Providence, qui pense qu'un moment viendra où le bourreau aura trop de besogne si l'on s'en tient aux moyens connus, et qui en invente un nouveau pour qu'il puisse le tirer d'affaire.

— Comte, comte, vous étiez plus consolant que cela en Amérique.

— Je le crois pardieu bien, j'étais au milieu d'un peuple qui se lève, et je suis ici au milieu d'une société qui finit. Tout marche à la tombe dans notre monde vieilli, noblesse et royauté, et cette tombe est un abîme.

— Oh! je vous abandonne la noblesse,

mon cher comte, ou plutôt la noblesse s'est abandonnée elle-même dans la fameuse nuit du 4 août; mais sauvons la royauté, c'est le palladium de la nation.

— Oh! que voilà de grands mots, mon cher Gilbert. Est-ce que le palladium a sauvé Troie? Sauvons la royauté! croyez-vous que ce soit chose facile de sauver la royauté avec un pareil roi.

— Mais enfin c'est le descendant d'une grande race.

—Oui, d'une race d'aigles qui finit par des perroquets : pour que les utopistes comme vous pussent sauver la royauté, mon cher Gilbert, il faudrait d'abord que la royauté fît quelque effort pour se sauver elle-même. Voyons, en cons-

cience, vous avez vu Louis XVI, vous le
voyez souvent, vous n'êtes pas un homme
à voir sans étudier, eh bien! voyons,
franchement, dites : la royauté peut-elle
vivre représentée par un pareil roi,
est-ce là l'idée que vous vous faites d'un
porte-sceptre ; croyez-vous que Charle-
magne, saint Louis, Philippe-Auguste,
François I*r*, Henri IV et Louis XIV
avaient ces chairs molles, ces lèvres pen-
dantes, cette atonie dans les yeux, ce
doute dans la démarche ? Non, c'étaient
des hommes, ceux-là ; il y avait de la
sève, du sang, de la vie sous leur man-
teau royal ; ils ne s'étaient pas encore
abâtardis par la transmission d'un seul
principe ; c'est que la notion médicale
la plus simple, ces hommes à vue courte

l'ont négligée. Pour conserver les espèces animales et même végétales dans une longue jeunesse et dans une constante vigueur, la nature a indiqué elle-même le croisement des races et le mélange des familles. De même que la greffe, dans le règne végétal, est le principe conservateur de la bonté et de la beauté des espèces, ainsi chez l'homme le mariage entre pareils trop proches est une cause de la décadence des individus. La nature souffre, languit et dégénère lorsque plusieurs générations se reproduisent avec le même sang ; la nature est au contraire avivée, régénérée, renforcée, quand un principe prolifique étranger et nouveau est introduit dans la conception. Voyez quels sont les héros qui fondent les grandes races, et quels sont les hommes faibles qui les terminent : voyez Henri III, le dernier des Valois, voyez Gaston, le dernier des Médicis, voyez le cardinal d'York, le dernier des Stuarts, voyez Charles IX, le dernier des Hapsbourg. Eh bien, cette cause première de la dégénérescence des races, le mariage dans la famille, qui se fait sentir dans toutes les maisons dont nous venons de parler, est plus sensible encore dans la maison de Bourbon que dans aucune autre ; ainsi en remontant de Louis XV, à Henri IV et à Marie de Médicis, Henri IV se trouve cinq fois le trisaïeul de Louis XV et Marie de Médicis cinq fois sa trisaïeule; ainsi, en remontant à Philippe III d'Espagne et à Marguerite d'Autriche, Philippe III est trois fois son trisaïeul et Marguerite d'Autriche trois fois sa trisaïeule. Ainsi j'ai compté cela, moi qui n'ai rien à faire qu'à compter : sur trente-deux trisaïeuls et trisaïeules de Louis XV, on trouve six personnes de la maison de Bourbon, cinq personnes de la maison de Médicis, onze de la maison d'Autriche-Hapsbourg, trois de la maison de Savoie, trois de la maison de Lorraine, deux de la maison de Bavière, un prince de la maison des Stuarts et une princesse danoise. Soumettez le meilleur chien de race à cette épreuve, faites passer le plus beau cheval de sang à ce creuset, et à la quatrième génération vous aurez un barbet et une rosse ; comment diable voulez-vous donc que nous y résistions, nous qui ne sommes que des hommes. Que dites-vous de mon calcul, docteur? vous qui êtes mathématicien.

— Je dis, cher sorcier, dit Gilbert en se levant et reprenant son chapeau, je dis que votre calcul m'effraie et me fait d'autant plus penser que ma place est auprès du roi.

Gilbert fit quelques pas vers la porte.

Cagliostro l'arrêta.

— Ecoutez, Gilbert lui dit-il, vous savez si pour vous épargner une douleur, je suis capable de m'exposer moi-même à mille douleurs, eh bien croyez-moi, un conseil.

— Lequel?

— Que le roi se sauve, que le roi quitte la France, pendant qu'il en est temps encore, dans trois mois, dans un an, dans six mois peut-être il sera trop tard.

— Comte, dit Gilbert, conseilleriez-vous à un soldat d'abandonner son poste parce qu'il y aurait du danger à y rester.

— Si ce soldat était tellement pris, enveloppé, serré, désarmé, qu'il ne pût se défendre, si surtout sa vie exposée compromettait la vie d'un demi million d'hommes, oui je lui dirais de fuir, et vous-même, vous-même, Gilbert, vous le direz au roi, le roi voudra vous écouter alors, mais il sera trop tard, n'attendez donc pas à demain, dites-le lui aujourd'hui, n'attendez pas à ce soir, dites-le lui dans une heure.

— Comte vous savez que je suis de l'école fataliste, arrive que pourra : tant que j'aurai un pouvoir quelconque sur le roi, le roi restera en France et je resterai près du roi; — adieu comte, nous nous reverrons dans le combat, et peut-être dormirons-nous côte à côte sur le champ de bataille.

— Allons, murmura Cagliostro, il sera donc dit que l'homme, si intelligent qu'il soit, ne saura jamais échapper à son mauvais destin, je ne vous avais cherché que pour vous dire ce que je vous ai dit. Vous l'avez entendu : comme la prédiction de Cassandre, la mienne est inutile; adieu.

— Voyons, franchement, comte, dit Gilbert, s'arrêtant sur le seuil du salon et regardant fixement Cagliostro, avez-vous, ici comme en Amérique, cette prétention de me faire accroire que vous lisez l'avenir des hommes sur leur figure.

— Gilbert, dit Cagliostro, aussi sûrement que tu lis au ciel le chemin que décrivent les astres, tandis que le commun des hommes les croit immobiles ou errants au hasard.

— Eh bien tenez, quelqu'un frappe à la porte.

— C'est vrai.

— Dites-moi le sort de celui qui frappe à cette porte, quel qu'il soit, dites-moi de quelle mort il doit mourir, et quand il mourra. Soit, dit Cagliostro, allons ouvrir nous-mêmes.

Gilbert s'avança vers l'extrémité du corridor dont nous avons parlé, avec un battement de cœur qu'il ne pouvait réprimer, quoiqu'il se dît tout bas qu'il était absurde à lui de prendre au sérieux ce charlatanisme.

La porte s'ouvrit.

Un homme d'une tournure distinguée, haut de taille et dont la figure était empreinte d'une forte expression de volonté, parut sur le seuil et jeta sur Gilbert un regard rapide et qui n'était pas exempt d'inquiétude.

— Bonjour marquis, dit Cagliostro.

— Bonjour baron, répondit celui-ci.

Puis comme Cagliostro s'aperçut que le regard du nouveau venu se reportait sur Gilbert.

— Marquis, dit-il, M. le docteur Gilbert, un de mes amis, — mon cher Gilbert, M. le marquis de Favras, un de mes clients.

Les deux hommes se saluèrent.

— Marquis, dit-il, veuillez passer au salon et m'y attendre un instant, dans cinq secondes je suis à vous.

Le marquis salua une seconde fois en passant devant les deux hommes et disparut.

— Eh bien, demanda Gilbert.

— Vous voulez savoir de quelle mort mourra le marquis ?

— Ne vous êtes-vous pas engagé à me le dire ?

Cagliostro sourit d'un singulier sourire, puis après s'être penché pour voir si on ne l'écoutait pas.

— Avez-vous jamais vu pendre un gentilhomme, dit-il.

— Non.

— Eh bien comme c'est un spectacle

curieux trouvez-vous sur la place de Grève le jour où l'on pendra le marquis de Favras.

Puis conduisant Gilbert à la porte de la rue.

— Tenez, dit-il, quand vous voudrez venir chez moi sans sonner, sans être vu et sans voir un autre que moi, poussez ce bouton de droite à gauche, et de bas en haut, ainsi.

Adieu, excusez-moi ; il ne faut pas faire attendre ceux qui n'ont pas un long temps à vivre.

Et il sortit, laissant Gilbert étourdi de cette assurance qui pouvait exciter son étonnement, mais non vaincre son incrédulité.

VI

Les Tuileries.

Pendant ce temps, le roi, la reine et la famille royale continuaient leur route vers Paris.

La marche était lente, retardée comme elle l'était par ces gardes du corps marchant à pieds, par ces poissardes cuirassées montées sur leur chevaux, par ces hommes et par ces femmes de la halle, à cheval sur les canons enrubanés, par les cent voitures de députés, par ces deux ou trois cents voitures de grains et de farines pris à Versailles et couverts des feuillages jaunissants de l'automne, que ce fut à six heures seulement que le carrosse royal qui contenait tant de douleurs, tant de haines, tant de passions et tant d'innocences arriva à la barrière,

Pendant la route le jeune prince avait eu faim, et avait demandé à manger, la reine alors avait regardé autour d'elle, rien n'était plus facile que de se procurer un peu de pain pour le dauphin, chaque homme du peuple portait un pain au bout de sa bayonnette.

Elle cherche des yeux Gilbert.

Gilbert on le sait, avait suivi Cagliostro.

Si Gilbert eût été là, la reine n'eût pas hésité à lui demander un morceau de pain pour le dauphin.

Mais la reine ne voulut point faire une pareille demande à l'un de ces hommes du peuple qu'elle avait en horreur, de sorte que pressant le dauphin sur sa poitrine :

— Mon enfant lui dit-elle en pleurant, nous n'avons pas de pain; attends ce soir, et ce soir nous en aurons peut-être.

Le dauphin étendit sa petite main vers les hommes qui portaient du pain au bout de leur bayonnette.

— Ces gens là en ont dit-il.

—Oui mon enfant, mais ce pain-là est à eux et non à nous, et ils sont venus le chercher à Versailles, parce que, disent-ils, ils n'en avaient plus à Paris depuis jours.

— Depuis trois jours, dit l'enfant, ils n'ont donc pas mangé depuis trois jours, maman ?

Ordinairement l'étiquette voulait que le Dauphin appelât sa mère Madame ; mais le pauvre enfant avait fait comme un simple enfant de pauvre, et, ayant faim, il l'appelait sa mère.

— Non, mon fils, répondit la reine.

— En ce cas, répondit l'enfant avec un soupir, ils doivent avoir bien faim.

Et, cessant de se plaindre, il essaya de dormir.

Pauvre enfant royal! qui plus d'une fois avant de mourir, devait, comme il venait de le faire, demander inutilement du pain.

A la barrière on s'arrêta de nouveau, cette fois non plus pour se reposer, mais pour célébrer l'arrivée.

Cette arrivée devait être célébrée par des chants et par des danses.

Halte étrange! presque aussi menaçante dans sa joie que les autres l'avaient été dans leur terreur.

En effet, les poissardes descendirent de leurs chevaux, c'est-à-dire des chevaux des gardes, en attachant aux arçons de la selle les sabres et les carabines. Les dames et les forts de la halle descendirent de leurs canons qui apparurent dans leur terrible nudité.

Alors on forma une ronde qui enveloppa le carrosse du roi, en le séparant de la garde nationale et des députés, emblême formidable de ce qui devait arriver plus tard.

Cette ronde, à bonne intention, et pour montrer sa joie à la famille royale, chantait, criait, hurlait. Les hommes embrassant les hommes, les femmes faisant sauter les femmes comme dans les cyniques kermesses de Téniers.

Ceci se passait à la nuit presque tombée, par un jour sombre et pluvieux, de sorte que la route, éclairée seulement par des mèches de canon et des pièces d'artifice, prenait, dans ses nuances d'ombre et de lumières, des teintes fantastiques presque infernales.

Après une demi-heure à peu près de cris, de clameurs, de chants, de danses dans la boue, le cortège poussa un immense hourrah! Tout ce qui avait un fusil chargé, hommes, femmes et enfants, le déchargea en l'air sans s'inquiéter des balles qui retombaient au bout d'un instant en clapotant dans les flaques d'eau comme une grêle puissante.

Les enfants pleuraient et avaient si peur qu'ils n'avaient plus faim.

On suivit la ligne des quais et l'on arriva à la place de l'Hôtel-de-Ville.

Là un carré de troupes était formé pour empêcher toute autre voiture que celle du roi, toutes autres personnes que celles appartenant à la famille royale ou à l'Assemblée nationale d'entrer dans l'Hôtel-de-Ville.

La reine aperçut alors Weber, son valet de chambre de confiance, son frère de lait, un Autrichien qui l'avait suivie de Vienne, lequel faisait tous ses efforts pour passer par-dessus la consigne et entrer avec elle à l'Hôtel-de-Ville.

Elle l'appela.

Weber accourut.

Voyant, à Versailles, que la garde nationale avait les honneurs de la journée, Weber, pour se donner une importance à l'aide de laquelle il pût être utile à la reine, Weber s'était habillé en garde national, et à son costume de simple volontaire, avait ajouté les décorations d'officier d'état-major.

L'écuyer cavalcadour de la reine lui avait prêté un cheval pour ne point éveiller les soupçons tout le long de la route et s'était tenu à l'écart avec l'intention, bien entendu, de se rapprocher si la reine avait besoin de lui.

Reconnu et appelé par la reine, il accourut donc aussitôt.

— Pourquoi essayes-tu de forcer la consigne? lui demanda la reine qui avait conservé l'habitude de le tutoyer,

— Mais, Madame, pour être près de Votre Majesté.

— Tu me seras très inutile à l'Hôtel-de-Ville, Weber, dit la reine, tandis que tu peux m'être très utile ailleurs.

— Où cela, madame?

— Aux Tuileries, mon cher Weber,

aux Tuileries! où personne ne nous attend et où, si tu ne nous précèdes pas, nous ne trouverons ni un lit, ni une chambre, ni un morceau de pain.

— Ah! dit le roi, voilà une excellente idée que vous avez là, madame.

La reine avait parlé en allemand : le roi, qui comprenait l'allemand mais ne le parlait pas, avait répondu en anglais.

Le peuple aussi avait entendu, mais il n'avait pas compris cette langue étrangère pour laquelle il avait une horreur instinctive, ce qui fit pousser autour de la voiture un murmure qui menaçait de passer au rugissement, lorsque le carré s'ouvrit devant la voiture de la reine et se referma derrière elle.

Bailly, l'une des trois popularités de l'époque, Bailly que nous avons vu déjà apparaître au premier voyage du roi, cette fois où les baïonnettes des fusils et les bouches des canons disparaissaient sous des bouquets de fleurs oubliées au second voyage ; Bailly attendait le roi et la reine au pied d'un trône improvisé pour les recevoir.

Trône mal affermi, mal joint, craquant sous le velours qui le recouvrait, véritable trône de circonstance.

Le maire de Paris dit à peu près à ce second voyage, au roi, ce qu'il lui avait dit au premier.

Le roi lui répondit :

— C'est toujours avec plaisir *et confiance* que je viens au milieu des habitants de ma bonne ville de Paris.

Le roi avait parlé bas, d'une voix éteinte par la fatigue et par la faim. Bailly répéta la phrase tout haut, afin que chacun pût l'entendre.

Seulement, soit volontairement, soit involontairement, il oublia les deux mots :

« Et confiance. »

La reine s'en aperçut.

Son amertume était heureuse de trouver un passage par où se faire jour.

— Pardon ! monsieur le maire, dit-elle

assez haut pour que ceux qui l'entouraient ne perdissent pas un mot de la phrase, ou vous avez mal entendu, ou votre mémoire est courte.

— Plaît-il! madame, balbutia Bailly en tournant vers la reine cet œil d'astronome qui voyait si bien au ciel et qui voyait si mal sur la terre.

Toute révolution, chez nous, a son astronome, et sur la route de cet astronome creuse traîtreusement le puits où il doit tomber.

La reine reprit :

— Le roi a dit, monsieur, qne c'était toujours avec *plaisir* et confiance qu'il venait au milieu des habitants de sa bonne ville de Paris. Or, comme on peut douter qu'il y vienne avec plaisir, il faut que l'on sache au moins qu'il y vient avec confiance.

Puis elle monta les trois degrés du trône et s'y assit près du roi pour écouter les discours des électeurs.

Pendant ce temps, Weber, devant le cheval duquel la foule s'ouvrait, grâce à son uniforme d'officier d'état-major, parvenait jusqu'au palais des Tuileries.

Depuis longtemps le logis royal des Tuileries, comme on l'appelait autrefois, logis bâti par Catherine de Médicis : un instant habité par Catherine de Médicis, puis abandonné par Charles IX, par Henri III, par Henri IV, par Louis XIII, pour le Louvre; par Louis XIV, par Louis XV et par Louis XVI pour Versailles, n'était plus qu'une succursale de palais royaux, où habitaient des gens de la cour, mais où jamais peut-être, ni le roi, ni la reine n'avaient mis le pied.

Weber visita les appartements, et connaissant les habitudes du roi et de la reine, il choisit celui qu'habitait la comtesse de Lamark, sœur de MM. les maréchaux de Noailles et de Mouchy.

L'occupation de cet appartement, qu'abandonna aussitôt madame de Lamark, eut son beau côté, c'est qu'il se trouva tout prêt pour recevoir la reine, avec ses meubles, son linge, ses rideaux, ses tapis que Weber acheta.

Vers dix heures, on entendit le bruit de la voiture de Leurs Majestés qui rentrait.

Tout était prêt, et en courant au-devant de ses augustes maîtres, Weber cria :

— Servez le roi !

Le roi, la reine, madame royale, le dauphin, madame Elisabeth et Andrée entrèrent.

Monsieur de Provence était retourné au château du Luxembourg.

Le roi jeta avec inquiétude les yeux de tous côtés, mais en entrant dans ce salon il vit par une porte entr'ouverte, et donnant sur une galerie, le souper préparé au bout de cette galerie.

En même temps la porte s'ouvrit, et un huissier parut, disant :

— Le roi est servi !

— Ah ! que ce Weber est un homme de ressources, dit le roi avec une exclamation de joie; Madame, vous lui direz de ma part que je suis très content de lui.

— Je n'y manquerai pas, Sire, dit la reine.

Et, avec un soupir qui répondait à l'exclamation joyeuse du roi, elle entra dans la salle à manger.

Le couvert du roi, de la reine, de Madame royale, du dauphin et de madame Elisabeth étaient mis.

Il n'y avait pas de couvert pour Andrée.

Le roi, pressé par la faim, n'avait pas remarqué cette omission, qui du reste n'avait rien de blessant, parce qu'elle était faite selon les lois de la plus stricte étiquette.

Mais la reine, à qui rien n'échappait, s'en aperçut au premier coup-d'œil.

— Le roi permettra que la comtesse de Charny soupe avec nous, dit la reine; n'est-ce pas, Sire.

— Comment donc! s'écria le roi, aujourd'hui nous dînons en famille, et la comtesse est de la famille.

— Sire, dit la comtesse, est-ce un ordre que le roi me donne.

Le roi regarda la comtesse avec étonnement.

—Non madame, dit-il, c'est une prière que le roi vous fait.

— En ce cas, dit la comtesse, je prie le roi de m'excuser, mais je n'ai pas faim.

— Comment! vous n'avez pas faim! s'écria le roi qui ne comprenait pas que l'on n'eût point faim à dix heures du soir, après une journée si fatigante, et quand on n'avait pas mangé depuis dix heures du matin, heure à laquelle on avait si mal mangé.

— Non, Sire, dit Andrée.

— Ni moi, dit la reine.

— Ni moi, dit madame Elisabeth.

— Oh! vous avez tort, mesdames, dit le roi : du bon état de l'estomac dépend le bon état du reste du corps et même de l'esprit; il y a là-dessus une fable de Tite-Live, de Shakspeare et de Lafontaine que je vous engage à méditer.

— Nous le savons, monsieur, dit la reine; c'est une fable qui fut dite un jour de révolution par le vieux Ménénius au peuple romain; ce jour-là le peuple romain était révolté, comme l'est aujourd'hui le peuple français ; vous avez donc raison, Sire, oui cette fable est tout à fait de circonstance.

— Eh bien ! dit le roi en tendant son assiette pour qu'on lui servît une seconde fois du potage, la similitude historique vous décide-t-elle, comtesse ?

— Non, Sire, et je suis vraiment honteuse de dire à Votre Majesté que lorsque je voudrais lui obéir, je ne le pourrais pas.

— Vous avez tort, comtesse, ce potage est vraiment parfait ; pourquoi est-ce la première fois qu'on m'en sert un pareil ?

— Mais parce que vous avez un cuisinier nouveau, Sire, celui de la comtesse de Lamark, dont nous occupons les appartements.

— Je le retiens pour mon service, et désire qu'il fasse partie de ma maison. Que ce Weber est véritablement un homme miraculeux, madame !

— Oui, murmura tristement la reine, quel malheur qu'on ne puisse pas le faire ministre.

Le roi n'entendit point ou ne voulut point entendre ; seulement, comme il vit Andrée debout et très pale, tandis que la reine et madame Elisabeth, quoiqu'elles ne mangeassent pas plus qu'Andrée, étaient assises à table, il se retourna vers la comtesse de Charny :

— Madame, dit-il, si vous n'avez pas faim, vous ne direz pas que vous n'êtes pas fatiguée. Si vous refusez de manger, vous ne refuserez pas de dormir.

Puis à la reine :

— Madame, dit-il, donnez je vous prie congé à madame la comtesse de Charny; à défaut de la nourriture, le sommeil.

Puis se retournant du côté de son service :

— J'espère qu'il n'est pas du lit de madame la comtesse de Charny comme de son couvert, et qu'on n'a pas oublié de lui préparer une chambre.

— Oh! Sire, dit Andrée, comment voulez-vous qu'on se soit occupé de moi dans un pareil trouble : un fauteuil suffira.

—Non pas, non pas, dit le roi, vous avez déjà peu ou pas dormi la nuit dernière, il faut que vous dormiez bien cette nuit ; la reine a non-seulement besoin de ses forces, mais encore de celles de ses amis.

Pendant ce temps, le valet de pied qui avait été s'informer rentra.

— Monsieur Weber, dit-il, sachant la grande faveur dont la reine honore madame la comtesse, a cru entrer dans les intentions de Sa Majesté en faisant réserver à madame la comtesse une chambre attenante à celle de la reine.

La reine tressaillit, car elle songea

que s'il n'y avait qu'une chambre pour madame la comtesse de Charny, il n'y avait par conséquent qu'une chambre pour la comtesse et pour le comte.

Andrée vit ce frisson qui passait dans les veines de la reine.

Aucune des sensations qui atteignait une de ces deux femmes n'échappait à l'autre.

— Pour cette nuit, mais pour cette nuit seulement, dit-elle, j'accepterai, madame. L'appartement de Sa Majesté est trop restreint pour que j'accepte une chambre aux dépens de sa commodité ; il y aura bien, dans les combles du château, quelque petit coin pour moi.

La reine balbutia quelques mots inintelligibles.

— Comtesse, dit le roi, vous avez raison, on cherchera tout cela demain, et l'on vous logera du mieux qu'il sera possible.

La comtesse salua respectueusement le roi et la reine, et madame Elisabeth, et sortit précédée par un valet de pied.

Le roi la suivit un instant des yeux, tenant sa fourchette suspendue à la hauteur de sa bouche.

— C'est en vérité une charmante créature que cette femme, dit-il, et que M. le comte de Charny est heureux d'avoir trouvé un pareil phénix à la cour!

La reine se renversa sur le dos de son fauteuil pour cacher sa pâleur, non pas au roi, qui ne l'eût point vue, mais à madame Elisabeth, qui s'en fût effrayée.

Elle était près de se trouver mal.

VII

Les quatre Bougies.

Aussi dès que les enfants eurent mangé, la reine demanda-t-elle au roi la permission de rentrer dans sa chambre.

— Bien volontiers, madame, dit le roi, car vous devez être fatiguée; seulement comme il est impossible que vous n'ayez pas faim d'ici à demain, faites-vous préparer un en cas.

La reine, sans répondre au roi, sortit emmenant ses deux enfants.

Le roi resta à table pour achever son souper; madame Elisabeth dont la vulgarité même du roi en certaines occasions ne pouvait altérer le dévouement, demeura près du roi pour lui rendre les petits soins qui échappent aux domestiques les mieux dressés.

La reine une fois dans sa chambre respira, aucune de ses femmes ne l'avait suivie, la reine leur ayant ordonné de ne point quitter Versailles qu'elles n'eussent reçu un avis.

Elle s'occupa donc de chercher un grand canapé ou un grand fauteuil pour elle-même; comptant coucher les deux enfants dans son lit.

Le petit dauphin dormait déjà. A peine le pauvre enfant avait-il apaisé sa faim que le sommeil l'avait pris.

Madame Royale ne dormait pas, et s'il eût fallu, n'eût pas dormi de la nuit. Il y avait beaucoup de la reine dans Madame Royale, aussi le petit prince déposé dans un fauteuil, madame Royale et la reine se mirent-elles en quête des ressources qu'ils pouvaient trouver.

La reine s'approcha d'abord d'une porte; elle allait l'ouvrir, lorsque de l'autre côté de cette porte elle entendit un léger bruit; elle écouta et entendit un second soupir : elle se baissa à la hauteur de la serrure et par le trou de la clef apparut Andrée à genoux sur une chaise basse, et priant.

Elle recula sur la pointe du pied et regardant toujours cette porte avec une étrange expression de douleur.

En face de cette porte il y en avait une autre, la reine l'ouvrit et se trouva dans une chambre doucement chauffée et éclairée par une veilleuse, à la lueur de laquelle, avec un tressaillement de joie, elle aperçut deux lits frais et blancs comme deux autels, alors son cœur se dégonfla, une larme vint mouiller sa paupière aride et brûlée.

— Oh! Weber Weber murmura-t-elle, la reine a dit au roi qu'il était malheureux qu'on ne pût pas faire un ministre mais la mère te dit à toi que tu mérites mieux que cela ! Puis comme le petit dauphin dormait, elle voulut commencer par mettre madame Royale au lit, mais celle-ci, avec le respect qu'elle avait toujours eu pour sa mère, lui demanda la permission de l'aider, afin qu'elle même à son tour pût se mettre au lit plus promptement.

La reine sourit tristement : sa fille pensait qu'elle pourrait dormir après une pareille nuit d'angoisses, après une pareille journée d'humiliations ; elle voulut la laisser dans cette douce croyance.

On commença donc par coucher M. le dauphin; puis, madame Royale, selon son habitude, se mit à genoux et fit sa prière au pied de son lit.

— Il me semble que ta prière dure plus longtemps que d'habitude, Thérèse, dit la reine à la jeune princesse.

— C'est que mon frère s'est endormi sans songer à faire la sienne. Pauvre enfant, dit madame Royale, et comme chaque soir il était accoutumé à prier pour vous et pour le roi, je dis sa petite prière après la mienne, afin qu'il ne manque rien à ce que nons avons à demander à Dieu.

La reine prit madame Royale et la pressa sur son cœur. Cette source de larmes déjà ouverte par les soins du bon Weber et ravivée par la piété de madame Royale s'élança de ses yeux vive et abondante, et des pleurs profondément tristes mais sans amertume coulèrent de ses yeux.

Elle resta près du lit de madame Royale debout et immobile comme l'ange de la maternité, jusqu'au moment où elle vit se fermer les yeux de la jeune princesse, jusqu'au moment où elle sentit se détendre, relâchés par le sommeil les muscles de ces mains qui serraient les siennes avec un si tendre et si profond amour filial.

Alors elle posa doucement les mains de sa fille près d'elle, les recouvrit du drap afin qu'elle ne souffrît pas du froid si la chambre se raffraîchissait pendant la nuit, puis posant sur le front endormi de la future martyre un baiser léger comme un souffle et doux comme un rêve, elle rentra dans sa chambre.

Cette chambre était éclairée par un candélabre portant quatre bougies.

Ce candélabre était posé sur une table.

Cette table était recouverte d'un tapis rouge.

La reine alla s'asseoir devant cette table et les yeux fixés elle laissa tomber ses deux poings fermés sans rien voir autre chose que ce tapis rouge étendu devant elle.

Deux ou trois fois elle secoua machinalement la tête à ce sanglant reflet ; il lui semblait que ses yeux s'injectaient de sang, que ses tempes battaient la fièvre et que ses oreilles bruissaient.

Puis comme dans un brouillard nouveau, toute sa vie repassait devant elle.

Elle se rappelait qu'elle était née le 2 Novembre 1755 jour du tremblement de terre de Lisbonne qui avait tué plus de cinquante mille personnes et renversé deux cents églises.

Elle se rappelait que dans la première chambre où elle avait couché, à Strasbourg, la tapisserie représentait le massacre des Innocents ; et cette même nuit à la lueur vacillante de la veilleuse, il lui avait semblé que le sang coulait des plaies de tous ces pauvres enfants, tandis que la figure des massacreurs prit une expression si terrible qu'épouvantée elle avait appelé au secours et avait ordonné que l'on partît avec l'aube naissante de cette ville, qui devait lui laisser un si triste souvenir de la première nuit qu'elle avait passée en France.

Elle se rappelait qu'en continuant son chemin vers Paris elle s'était arrêtée dans la maison du baron de Taverney, que là elle avait rencontré pour la première fois ce misérable Cagliostro, qui avait eu depuis l'affaire du Collier une si terrible influence sur sa destinée, et que dans cette halte, si présente à sa mémoire qu'il lui semblait que cet évènement fut de la veille, quoique depuis cet évènement vingt ans s'étaient écoulés, il lui avait sur ses instances fait voir dans une caraffe quelque chose de monstrueux, une machine de mort terrible et inconnue, et au bas de cette machine, une tête roulant détachée du corps, et qui n'était autre que la sienne.

Elle se rappelait que madame Lebrun avait fait son portrait, portrait charmant de jeune femme belle et heureuse encore ! elle lui avait, par mégarde sans doute, mais présage terrible, donné la pose que madame d'Angleterre la femme de Charles Ier a dans son portrait.

Elle se rappelait que le jour où pour la première fois elle entrait à Versailles, au moment ou descendue de sa voiture elle mettait le pied sur le funèbre pavage de cette cour de marbre où la veille elle avait vu couler tant de sang, un terrible coup de tonnerre avait retenti pendant la chute de la foudre qui avait sillonné l'air à sa gauche, et tout cela d'une si effrayante façon que le maréchal de Richelieu, qui n'était pas facile à effrayer cependant, avait secoué la tête en disant : Un mauvais présage.

Et elle se rappelait tout cela, en voyant tourbillonner devant ses yeux cette vapeur rougeâtre qui lui semblait devenue plus épaisse.

Cette espèce d'assombrissement était si sensible que la reine leva les yeux jusqu'au candélabre et s'aperçut que sans motif aucun une des bougies venait de s'éteindre.

Elle tressaillit, la bougie fumait encore et rien ne donnait une cause à cette extinction.

Tandis qu'elle regardait le candélabre avec étonnement, il lui sembla que la bougie voisine de la bougie éteinte pâlissait lentement, et peu à peu la flamme de blanche devenait rouge et de rouge bleuâtre, puis la flamme s'animait et s'allongea, puis elle sembla quitter la mèche et s'envoler, puis enfin elle se balança un instant comme agitée par une haleine invisible, puis elle s'éteignit.

La reine avait regardé l'agonie de cette bougie avec des yeux hagards ; sa poitrine haletant de plus en plus, ses mains étendues se rapprochaient du candélabre au fur et à mesure que la bougie allait expirant enfin quand elle s'était éteinte elle avait fermé les yeux ; s'était renversée en arrière sur son fauteuil et avait passé ses mains sur son front qu'elle avait trouvé ruisselant de sueur, elle était restée ainsi les yeux fermés pendant dix minutes à peu près et quand elle les avait rouverts elle s'était aperçue avec térreur que la lumière de la troisième bougie commençait à s'altérer comme celle des deux premières.

Marie-Antoinette crut d'abord que c'était un rêve et qu'elle était sous le poids de quelque hallucination fatale, elle essaya de se lever, mais il lui sembla qu'elle était enchaînée sur son fauteuil, elle essaya d'appeler Madame Royale, que, dix minutes avant elle n'eut pas réveillée pour une seconde couronne; mais sa voix s'éteignit dans sa gorge, elle essaya de tourner la tête, mais sa tête resta fixe et immobile, comme si cette troisième bougie mourante eût attiré à elle son regard et son haleine; enfin, de même que la seconde avait changé de couleur, la troisième prit des tons différents, pâlit, s'allongea, flotta de droite à gauche, puis de gauche à droite et s'éteignit.

Alors, l'épouvante fit faire un tel effort à la reine qu'elle sentit que la parole lui revenait, et qu'à l'aide de cette parole elle voulut se rendre le courage qui lui manquait.

— Je ne m'inquiète pas, dit-elle tout haut, de ce qui vient d'arriver aux trois bougies, mais, mais si la quatrième s'éteint comme les autres, oh! malheur! malheur à moi!

Tout à coup, sans passer par les préparations qu'avaient subies les autres, sans que la flamme changeât de couleur, sans qu'elle parut ni s'allonger ni se balancer, comme si l'aile de la mort l'eût touchée en passant, la quatrième bougie s'éteignit.

La reine jeta un cri terrible, se leva, fit deux tours sur elle-même, battant l'air et l'obscurité de ses bras et tomba évanouie.

Au moment où le bruit de son corps retentissait sur le parquet, la porte de communication s'ouvrit et Andrée, vêtue d'un peignoir de batiste, parut sur le seuil, blanche et silencieuse comme une ombre.

Elle s'arrêta un instant, comme si au

milieu de cette obscurité elle voyait passer dans la nuit quelque chose comme une vapeur, elle écouta, comme si elle avait entendu s'agiter dans l'air les plis d'un suaire.

Puis, abaissant son regard elle aperçut la reine à terre, étendue sans connaissance..

Elle fit un pas en arrière comme si son premier mouvement eût été de s'éloigner, mais aussitôt se commandant à elle-même, sans dire une seule parole, sans demander, demande qui au reste eût été bien inutile, à la reine ce qu'elle avait, elle la souleva entre ses bras, et avec une force dont on l'eût crue incapable, guidée seulement par deux bougies qui éclairaient sa chambre et dont la lueur se prolongeait à travers la porte jusque dans la chambre de la reine, elle la porta sur son lit.

Puis, tirant un flacon de sels de sa poche, elle l'approcha des narines de Marie-Antoinette.

Malgré l'efficacité de ces sels, l'évanouissement de Marie-Antoinette était si profond que ce ne fut qu'au bout de dix minutes qu'elle poussa un soupir.

A ce soupir, qui annonçait le retour à la vie de sa souveraine, Andrée fut encore tentée de s'éloigner, mais cette fois comme la première, le sentiment de son devoir, si puissant sur elle, la retint.

Elle retira seulement son bras de dessous la tête de Marie-Antoinette, qu'elle avait soulevée pour qu'aucune goutte de ce vinaigre corrosif, dans lequel ces sels étaient baignés, ne pût couler sur le visage ou sur la poitrine de la reine.

Le même mouvement lui fit éloigner le bras qui tenait le flacon.

Mais alors la tête retomba sur l'oreiller, le flacon éloigné, la reine sembla plongée dans un évanouissement plus profond encore que celui dont elle avait paru vouloir sortir.

Andrée, toujours froide, presqu'immobile, la souleva de nouveau, approcha d'elle une seconde fois le flacon de sels qui produisit son effet.

Un léger frissonnement courut par tout le corps de la reine, elle soupira, son œil s'ouvrit, elle rappela ses pensées, se souvint de l'horrible présage, et sentant une femme près d'elle elle lui jeta les deux bras au col en lui criant :

— Oh! défendez-moi! sauvez-moi!

— Votre Majesté n'a pas besoin qu'on la défende étant au milieu de ses amis, répondit Andrée, et elle me paraît sauvée maintenant de l'évanouissement dans lequel elle était tombée.

— La comtesse de Charny! s'écria la reine, lâchant Andrée qu'elle tenait embrassée, et que dans un premier mouvement elle repoussa presque.

Ni ce mouvement, ni le sentiment qui l'avait inspiré n'échappèrent à Andrée.

Mais, sur le premier moment, elle resta immobile jusqu'à l'impassibilité.

Puis, faisant un pas en arrière :

— La reine ordonne-t-elle que je l'aide à se dévêtir ? demanda-t-elle.

— Non, comtesse, merci, répondit la reine d'une voix altérée, je me déferai seule, rentrez chez vous, vous devez avoir besoin de dormir.

— Je vais rentrer chez moi, non pas pour dormir, madame, répondit Andrée, mais pour veiller sur le sommeil de Votre Majesté.

Et après avoir salué respectueusement la reine, elle se retira chez elle de ce pas lent et solennel qui serait celui des statues, si les statues marchaient.

VIII

La route de Paris.

Le soir même où s'étaient accomplis les évènements que nous venons de raconter, un évènement non moins grave avait mis en rumeur tout le collége de l'abbé Fortier.

Sébastien Gilbert avait disparu vers les six heures du soir ; et à minuit, malgré les recherches minutieuses par toute la maison, exécutées par l'abbé Fortier et par mademoiselle Alexandrine Fortier, sa sœur, il n'avait point été retrouvé.

On s'était informé à tout le monde, et tout le monde ignorait ce qu'il était devenu.

La tante Angélique, seule, sortant de l'église où elle était allée ranger ses chaises, vers huit heures du soir, croyait l'avoir vu prendre la petite rue qui passe entre l'église et la prison et gagner tout courant le manége.

Ce rapport, au lieu de rassurer l'abbé Fortier avait ajouté à ses inquiétudes, il n'ignorait pas les étranges hallucinations qui parfois s'emparaient de Gilbert, quand cette femme qu'il appelait sa mère lui apparaissait, et plus d'une fois, en promenade, l'abbé qui était prévenu de cette espèce de vertige, l'avait suivi des yeux quand il l'avait vu par trop s'enfoncer dans le bois, et au moment où il craignait de le voir disparaître, avait lancé après lui les meilleurs coureurs de son collége.

Ces coureurs avaient toujours retrouvé l'enfant haletant, presqu'évanoui, adossé à quelqu'arbre ou couché tout de son long sur cette mousse, tapis verdoyant de ces magnifiques futaies.

Mais jamais pareils vertiges n'avaient

pris Sébastien le soir, jamais pendant la nuit on n'avait été obligé de courir après lui.

Il fallait donc qu'il fut arrivé quelque chose d'extraordinaire, mais l'abbé Fortier avait beau se creuser la tête, il ne pouvait deviner ce qui était arrivé.

Pour arriver à un plus heureux résultat que l'abbé Fortier, nous allons suivre Sébastien Gilbert, nous qui savons où il est allé.

La tante Angélique ne s'était pas trompée; c'était bien Sébastien Gilbert qu'elle avait vu en effet se glissant dans l'ombre, et gagnant à toutes jambes cette portion du parc qu'on appelle le parterre.

Arrivé dans le parterre, il avait gagné la faisanderie, puis en sortant de là faisanderie, il s'était lancé dans cette petite haie qui conduit droit à Haramont.

En trois quarts d'heure il avait été au village.

Du moment où nous savons que le but de la course de Sébastien était le village d'Haramont, il ne nous est point difficile de savoir qui Sébastien avait été chercher dans le village.

Sébastien était allé chercher Pitou.

Car Pitou, on se le rappelle, à la suite du festin que s'était donné elle-même la garde nationale d'Haramont, après être, comme un lutteur antique, resté debout quand tous les autres avaient été terrassés, Pitou s'était mis à courir après Catherine, et on se le rappelle encore, ne l'avait retrouvée qu'évanouie sur le chemin de Villers-Cotterêts à Pisseleux, et ne conservant de chaleur que celle du dernier baiser que lui avait donné Isidore.

Gilbert ignorait tout cela, il alla droit à la chaumière de Pitou dont il trouva la porte ouverte.

Pitou, dans la simplicité de sa vie, ne croyait pas qu'il eût besoin de tenir sa porte fermée, présent à la maison comme absent ; mais d'ailleurs eût-il eu l'habitude de fermer scrupuleusement sa porte, que ce soir là il était sous le poids de préoccupations telles, qu'il eût bien ce-

certainement oublié de prendre cette précaution.

Sébastien connaissait le logis de Pitou comme le sien propre, il chercha l'amadou et la pierre à feu, trouva le couteau qui servait de briquet à Pitou, alluma l'amadou, avec l'amadou alluma la chandelle et attendit.

Mais Sébastien était trop agité pour attendre tranquillement, et surtout pour attendre longtemps.

Il allait incessamment de la cheminée à la porte, de la porte à l'angle de la rue ; puis, comme sœur Anne, ne voyant rien venir, il retournait vers la maison pour s'assurer qu'en son absence Pitou n'y était pas rentré.

Enfin, voyant que le temps s'écoulait, il s'approcha d'une table boiteuse sur laquelle il y avait de l'encre, des plumes et du papier.

Sur la première page de ce papier étaient scrupuleusement inscrits les noms, prénoms et âge des trente trois hommes formant l'effectif de la garde nationale d'Haramont, et marchant sous les ordres de Pitou.

Il enleva soigneusement cette première feuille, chef-d'œuvre de calligraphie du commandant, qui ne rougissait pas pour que la besogne fût mieux faite à descendre parfois au grade subalterne de fourrier.

— Puis il écrivit sur la seconde :

« Mon cher Pitou,

« J'étais venu pour te dire que j'ai entendu, il y a huit jours, une conversation entre M. l'abbé Fortier et le vicaire de Villers-Cotterêts ; il paraît que l'abbé Fortier a des connivences avec les aristocrates de Paris ; il disait qu'il se préparait à Versailles une contre-révolution.

« C'était ce que nous avons appris depuis, à l'endroit de la reine, qui a mis la cocarde noire et foulé aux pieds la cocarde tricolore.

« Cette menace de contre-révolution, ce que nous avons appris ensuite des évènements qui ont suivi le banquet, m'avait déjà fort inquiété pour mon père, qui, comme tu le sais, est l'ennemi des aristocrates ; mais ce soir, mon cher Pitou, cela a été bien pis.

« Le vicaire est revenu voir le curé, et comme j'avais peur pour mon père, je n'ai point cru qu'il y ait du mal à écouter exprès la suite de ce que l'autre jour, j'avais entendu par hasard.

« Il paraît, mon cher Pitou, que le peuple s'est porté sur Versailles et a massacré beaucoup de personnes, et entre ces personnes-là, M. Georges de Charny.

« L'abbé Fortier ajoutait :

« Parlons bas, pour ne pas inquiéter

le petit Gilbert dont le père était à Versailles, et pourrait bien avoir été tué comme les autres.

« Tu comprends bien, cher Pitou, que je n'en ai pas attendu davantage.

« Je me suis glissé tout doucement hors de ma cachette, sans que personne m'entendît ; j'ai pris par le jardin, je me suis trouvé sur la place du château et tout courant je suis arrivé chez toi, pour te demander, mon cher Pitou, de me reconduire à Paris, ce que tu ne manquerais pas de faire et de grand cœur, même si tu y étais.

« Mais comme tu n'y es pas, comme tu peux tarder à revenir, étant probablement allé tendre des collets dans la forêt de Villers-Cotterêts, comme dans ce cas-là tu ne rentreras qu'au jour, mon inquiétude est trop grande et je ne saurais attendre jusque-là.

« Je pars donc tout seul ; sois tranquille, je sais le chemin, d'ailleurs sur l'argent que mon père m'a donné il me reste encore deux louis, et je prendrai une place dans la première voiture que je rencontrerai sur la route.

« Ton Sébastien qui t'aime.

« P. S. J'ai fait la lettre bien longue, d'abord pour t'expliquer la cause de mon départ, et ensuite parce que j'espérais toujours que tu reviendrais avant qu'elle ne fût finie.

« Elle est finie, tu n'es pas revenu ; je pars, adieu ou plutôt au revoir ; s'il n'est rien arrivé à mon père et s'il ne court aucun danger, je reviendrai.

« Sinon, je suis bien décidé à lui demander instamment de me garder auprès de lui.

« Tranquillise l'abbé Fortier sur mon départ, mais surtout ne le tranquillise que demain afin qu'il soit trop tard pour faire courir après moi.

« Décidément puisque tu ne reviens pas je pars. Adieu ou plutôt au revoir. »

Sur quoi Sébastien Gilbert qui connaissait l'économie de son ami Pitou, éteignit sa chandelle, tira la porte et partit.

Dire que Sébastien Gilbert n'était pas un peu ému en entreprenant de nuit un si long voyage, ce serait mentir certainement, mais cette émotion n'était point ce qu'elle eût été chez un autre enfant, de la peur ; c'était purement et simplement le sentiment complet de l'action qu'il entreprenait, lequel était une désobéissance aux ordres de son père, mais en même temps une si grande preuve d'amour filial, que par tous les pères cette désobéissance devait être pardonnée.

D'ailleurs Gilbert, depuis que nous nous occupons de lui, avait grandi ; Gilbert un peu pâle, un peu frêle, un peu nerveux pour son âge, allait avoir quinze ans. A cet âge, avec le tempérament de Sébastien, et quand on est le fils de Gilbert et d'Andrée, on est bien près d'être un homme.

Sébastien, sans autre sentiment que cette émotion inséparable de l'action qu'il commettait, se mit donc à courir vers Largny, qu'il découvrit bientôt « à la pâle clarté qui tombe des étoiles, » comme dit le vieux Corneille. Il prolongea le village, gagna le grand ravin qui s'étend de ce village à celui de Vauciennes et qui encaisse les étangs de Wualu, à Vauciennes, retrouva la grand'route et se mit à marcher tranquillement en se retrouvant sur le chemin du Roi.

D'ailleurs, Sébastien qui était un garçon plein de sens et qui était venu en parlant latin de Paris à Villers-Cotterets, et qui avait mis trois jours pour venir, comprenait bien qu'on ne retourne pas à Paris en une nuit, ne perdît-on son souffle à parler aucune langue.

Il descendit donc la première et remonta donc la seconde montagne de Vauciennes au pas; puis arrivé sur un terrain plat se remit à marcher un peu plus vivement.

Peut-être cette vivacité dans la marche de Sébastien était-elle excitée par l'approche d'un assez mauvais pas qui se trouve sur la route et qui, à cette époque, avait une réputation d'embuscade complètement perdue aujourd'hui. Ce mauvais pas s'appelle *la Fontaine Eau-Claire*, parce qu'une source limpide coule à vingt pas de deux carrières, qui, pareilles à deux antres de l'enfer, ouvrent leur gueule sombre sur la route.

Sébastien eut-il ou n'eut-il pas peur en traversant cet endroit, c'est ce que l'on ne saurait dire, car il ne pressa point le pas; car, pouvant passer sur le revers opposé de la route, il ne s'écarta point du droit et du milieu chemin, ralentit son pas un peu plus loin, mais sans doute parce qu'il était arrivé à une petite montée, et enfin arriva à l'embranchement des deux routes de Paris et de Cressy.

Mais arrivé là, il s'arrêta tout à coup : en venant de Paris, il n'avait pas remarqué quelle route il suivait ; en retournant à Paris, il ignorait quelle route il devait suivre.

Etait-ce celle de gauche, était-ce celle de droite ?

Toutes deux étaient bordées d'arbres pareils ; toutes deux étaient pavées également.

Personne n'était là pour répondre à la question de Gilbert.

Les deux routes, partant d'une même

point, s'éloignaient l'une de l'autre véritablement et promptement ; il en résultait que si Gilbert, au lieu de prendre la bonne route, prenait la mauvaise, il serait le lendemain, au jour, bien loin de son chemin.

Gilbert s'arrêta indécis.

Il cherchait, par un indice quelconque, à reconnaître celle des deux routes qu'il avait suivies ; mais cet indice, qui lui eût manqué pendant le jour, lui manquait bien autrement dans l'obscurité.

Il venait de s'asseoir, découragé, à l'angle des deux routes, moitié pour se reposer, moitié pour réfléchir, lorsqu'il lui sembla entendre dans le lointain, venant du côté de Villers-Cotterets, le galop d'un ou deux chevaux.

Il prêta l'oreille en se soulevant.

Ce n'était pas une erreur : le bruit des fers des chevaux, retentissant sur la route, devenait de plus en plus distinct.

Gilbert allait donc avoir le renseignement qu'il attendait.

Il s'apprêta à arrêter les cavaliers au passage et à leur demander ce renseignement.

Bientôt il vit poindre leur ombre dans la nuit, tandis que sous les pieds ferrés de leurs chevaux, de nombreuses étincelles jaillissaient ; alors il se leva tout à fait, traversa le fossé et attendit.

La cavalcade se composait de deux hommes, dont l'un galoppait à trois ou quatre pas en avant de l'autre.

Gilbert pensa avec raison que le premier de ces deux hommes était un maître, le second un domestique.

Il fit donc trois pas pour s'adresser au premier.

Celui-ci, qui vit un homme saillir en quelque sorte du foin, crut à quelque guet-apens et mit la main à ses fontes.

Sébastien vit le mouvement.

— Monsieur, dit-il, je ne suis pas un voleur, je suis un enfant que les derniers évènements arrivés à Versailles attirent à Paris pour y chercher son père ; je ne sais laquelle de ces deux routes prendre, indiquez-moi celle qui conduit à Paris et vous m'aurez rendu un grand service.

La distinction des paroles de Sébastien, l'éclat juvénile de sa voix qui ne semblait pas inconnue au cavalier fit que, si pressé qu'il parût être, il arrêta son cheval.

— Mon enfant, demanda-t-il avec bienveillance, qui êtes-vous et comment vous hasardez-vous à une pareille heure sur une grande route ?

— Je ne vous demande pas qui vous êtes, monsieur; je vous demande ma route, la route au bout de laquelle je saurai si mon père est mort ou vivant.

Il y avait dans cette voix, presque enfantine encore, un accent de fermeté qui frappa le cavalier.

— Mon ami, la route de Paris est celle que nous suivons, dit-il; je la connais mal moi-même, n'ayant été à Paris que deux fois, mais je n'en suis pas moins sûr que celle que nous suivons est la même.

Sébastien fit un pas en arrière en remerciant.

Les chevaux avaient besoin de souffler, le cavalier qui paraissait le maître reprit sa course, mais d'une allure moins vive.

Son laquais le suivit.

— Monsieur le vicomte, dit-il, a-t-il reconnu cet enfant ?

— Non; mais il me semble cependant...

— Comment! monsieur le vicomte n'a pas reconnu le jeune Sébastien Gilbert, qui est en pension chez l'abbé Fortier.

— Sébastien Gilbert?

— Mais oui, qui venait de temps en temps à la ferme de mademoiselle Catherine, avec le grand Pitou.

— Tu as raison, en effet.

Puis arrêtant son cheval et se retournant :

— Est-ce donc vous, Sébastien ? demanda-t-il.

— Oui, monsieur Isidore, répondit l'enfant qui, lui, avait parfaitement reconnu le cavalier.

— Mais alors, venez donc, mon jeune ami, dit le cavalier, et apprenez-moi comment il se fait que je vous trouve seul sur cette route à une pareille heure.

— Je vous l'ai dit, monsieur Isidore, je vais à Paris m'assurer si mon père a été tué ou vit encore.

— Hélas! pauvre enfant! dit Isidore avec un profond sentiment de tristesse, je vais à Paris pour une cause pareille; seulement je ne doute plus, moi!

— Votre frère?

— Un de mes frères, mon frère Georges a été tué hier matin à Versailles.

— Oh! M. de Charny?

Sébastien fit un mouvement en avant, tendant ses deux mains à Isidore.

Isidore les lui prit et les lui serra.

— Eh bien! mon cher enfant, lui dit Isidore, puisque notre sort est pareil, il ne faut pas nous séparer : vous devez être, comme moi, pressé d'arriver à Paris?

— Oh! oui, monsieur.

— Vous ne pouvez aller à pied?

— J'irais bien à pied, mais ce serait long ; aussi, je compte demain payer ma place à la première voiture que je rencontrerai sur ma route, faisant le même chemin que moi, et aller avec elle le plus loin que je pourrai vers Paris.

— Et si vous n'en rencontrez pas?

— J'irai à pied.

— Faites-mieux que cela, mon cher enfant, montez en croupe derrière mon laquais.

— Sébastien retira ses deux mains de celles d'Isidore.

— Merci! monsieur le vicomte, dit-il.

Ces paroles furent prononcées avec un timbre si expressif, qu'Isidore comprit qu'il avait blessé l'enfant en lui offrant de monter en croupe derrière son laquais.

— Ou plutôt, dit-il, j'y pense, montez à sa place, lui nous rejoindra à Paris ; en s'informant aux Tuileries, il saura toujours où je suis.

— Merci encore! monsieur, dit Sébastien d'une voix plus douce ; car il avait compris la délicatesse de cette nouvelle proposition, merci, je ne veux pas vous priver de ses services.

Il n'y avait plus qu'à s'entendre, les préliminaires de paix étaient posés.

— Eh bien ! faites mieux encore que tout cela, Sébastien : montez derrière moi. Voilà le jour qui vient, à dix heures du matin nous serons à Dammartin, c'est-à-dire à moitié route ; nous laisserons les deux chevaux qui ne doivent pas nous conduire plus loin, à Baptiste, et nous prendrons une voiture de poste qui nous mènera à Paris ; c'est ce que je comptais faire. Vous ne changez donc en rien mes dispositions ?

— Est-ce bien vrai, monsieur Isidore ?

— Parole d'honneur.

— Alors, fit le jeune homme hésitant, mais mourant d'envie d'accepter.

— Descends, Baptiste, et aide Sébastien à monter.

— Merci ! c'est inutile, monsieur Isidore, dit Sébastien, qui, agile comme un écolier, sauta, ou plutôt bondit en croupe.

Puis, les trois hommes et les deux chevaux repartirent au galop et disparurent bientôt de l'autre côté de la montée de Goudreville.

IX

L'Apparition.

Les trois cavaliers avaient continué leur chemin, comme il était convenu, à cheval jusqu'à Dammartin.

Ils arrivèrent à Dammartin à dix heures.

Tout le monde avait besoin de prendre quelque chose ; d'ailleurs il fallait s'enquérir d'une voiture et de chevaux de poste.

Pendant qu'on servait à déjeûner à Isidore et à Sébastien, qui, en proie, Sébastien à l'inquiétude, Isidore à la tristesse, n'avaient pas échangé une parole. Baptiste faisait panser les chevaux et s'occupait de trouver une carriole et des chevaux de poste.

A midi, le déjeûner était fait et les chevaux et la carriole attendaient à la porte.

Seulement Isidore, qui avait toujours couru la poste avec sa voiture, ignorait que lorsqu'on voyageait avec des voitures d'administration, il fallait changer de voiture à chaque relais.

Il en résulta que les maîtres de poste, qui faisaient observer strictement les règlements, mais qui se gardaient bien de les observer eux-mêmes, n'avaient pas toujours des voitures sous leurs remises et des chevaux dans leurs écuries.

En conséquence, partis à midi de Dammartin, les voyageurs ne furent à la barrière qu'à quatre heures et demie et aux portes des Tuileries qu'à cinq heures.

Là il fallut encore se faire reconnaître : M. de La Fayette s'était emparé de tous les postes, et, dans ces temps de troubles, ayant répondu à l'Assemblée de la personne du roi, il gardait le roi avec conscience.

Cependant, lorsque Charny se nomma, lorsqu'il invoqua le nom de son frère, les difficultés s'applanirent et l'on introduisit Isidore et Sébastien dans la cour des Suisses d'où ils passèrent dans la cour du milieu.

Sébastien voulait se faire conduire à l'instant même rue Saint-Honoré, au logement qu'habitait son père ; mais Isidore lui fit observer que le docteur Gilbert étant médecin du roi par quartier, on saurait mieux chez le roi, assurément que partout ailleurs, ce qui lui était arrivé.

Sébastien, dont l'esprit était parfaitement juste, s'était rendu à ce raisonnement.

En conséquence, il suivit Isidore.

On était déjà parvenu, quoiqu'arrivé de la veille, à introduire une certaine étiquette dans le palais des Tuileries. Isidore fut introduit par l'escalier d'honneur, et un huissier le fit attendre dans un grand salon tendu de vert, faiblement éclairé par deux candélabres.

Le reste du palais, lui-même, était plongé dans une demi-obscurité; ayant été habité par des particuliers, les grands éclairages qui font partie du luxe royal avaient été négligés.

L'huissier devait s'informer à la fois et de M. le comte de Charny et du docteur Gilbert.

L'enfant s'assit sur un canapé. Isidore se promena de long en large.

Au bout de dix minutes l'huissier reparut.

M. le comte de Charny était chez la reine.

Quant au docteur Gilbert il ne lui était rien arrivé : on croyait même, mais sans pouvoir en répondre, qu'il était chez le roi : le roi étant enfermé, avait répondu le valet de service, avec son médecin.

Seulement, comme le roi avait quatre médecins par quartier et son médecin ordinaire, on ne savait pas bien précisément si le médecin enfermé avec Sa Majesté était M. Gilbert.

Si c'était lui on le préviendrait à sa sortie que quelqu'un l'attendait dans les antichambres de la reine.

Sébastien respira librement ; il n'avait donc plus rien à craindre : son père vivait et était sain et sauf.

Il alla à Isidore pour le remercier de l'avoir amené.

Isidore l'embrassa en pleurant.

Cette idée que Sébastien venait de retrouver son père lui rendait plus cher encore ce frère qu'il avait perdu et ne retrouverait pas.

En ce moment la porte s'ouvrit, un huissier cria :

— M. le vicomte de Charny !

— C'est moi, répondit Isidore en s'avançant.

— On attend monsieur le vicomte chez la reine, dit en s'effaçant l'huissier.

— Vous m'attendrez, n'est-ce pas, Sébastien, dit Isidore ; à moins que M. le docteur Gilbert ne vienne vous chercher, songez que je réponds de vous à votre père.

— Oui, monsieur, dit Sébastien, et en attendant recevez de nouveau mes remerciements.

Isidore suivit l'huissier et la porte se referma.

Sébastien reprit sa place sur le canapé.

Alors tranquille sur la santé de son père, tranquille sur lui-même, bien sûr qu'il était d'être pardonné par le docteur en faveur de l'intention, son souvenir se reporta sur l'abbé Fortier, sur Pitou et sur l'inquiétude qu'allait causer à l'un sa fuite, à l'autre sa lettre.

Il ne comprenait même pas comment avec tous les retards qu'ils avaient éprouvés en route, Pitou, qui n'avait qu'à déployer le compas de ses longues jambes pour marcher aussi vite que la poste, ne les avait pas rejoints.

Et tout naturellement et par le simple mécanisme des idées, en pensant à Pitou, il pensait à son encadrement ordinaire, c'est à dire à ces grands arbres à ces belles routes ombreuses, à ces lointains bleuâtres qui terminent les horizons des forêts; puis par un enchaînement graduel d'idées, il se rappelait ces visions étranges qui parfois lui apparaissaient sous ces grands arbres, dans la profondeur de ces immenses routes.

A cette femme qu'il avait vue tant de fois en rêves et une fois seulement, il les croyait du moins, en réalité, le jour où il se promenait dans les bois de Satory, et où cette femme vint passer et disparut comme un nuage, emportée dans une magnifique calèche par le galop de deux superbes chevaux.

Et il se rappelait l'émotion profonde que lui faisait toujours cette vue, et à moitié plongé dans ce songe, il murmurait tout bas :

— Ma mère ! ma mère ! ma mère !

Tout à coup la porte qui s'était fermée derrière Isidore de Charny se rouvrait de nouveau, cette fois ce fut une femme qui apparut.

Par hasard, les yeux de l'enfant étaient fixés sur cette porte au moment de l'apparition.

L'apparition était si bien en harmonie avec ce qui se passait dans sa pensée, que voyant son rêve s'animer d'une créature réelle l'enfant tressaillit.

Mais ce fut bien autre chose encore

quand dans cette femme qui venait d'entrer, il vit tout à la fois, l'ombre et la réalité.

L'ombre de ses rêves, la réalité de Satory.

Il se dressa debout comme si un ressort l'eut mis sur ses pieds.

Ses lèvres se desserrèrent, son œil s'agrandit, sa pupille se dilata.

Sa poitrine haletante essaya inutilement de former un son.

La femme passa majestueuse, fière, dédaigneuse, sans faire attention à lui.

Toute calme qu'elle parût intérieurement, cette femme aux sourcils froncés, au teint pâle, à la respiration sifflante devait être sous le coup d'une grande irritation nerveuse.

Elle traversa diagonalement la salle, ouvrit la porte opposée à celle à laquelle elle avait apparu, et s'éloigna dans le corridor.

Cette fois Sébastien comprit qu'elle allait encore lui échapper s'il ne se hâtait ; il regarda d'un air effaré, comme pour s'assurer de la réalité de son passage, la porte par laquelle elle était entrée, la porte par laquelle elle avait disparu et s'élança sur sa trace, avant que le pan de sa robe soyeuse se fût effacé à l'angle du corridor.

Mais elle, entendant un pas derrière elle, marcha plus vite, comme si elle eût crainte d'être poursuivie.

Sébastien hâta sa course le plus qu'il pût : le corridor était sombre, il craignait cette fois encore que la chère vision ne s'envolât.

Elle, entendant une marche toujours plus rapprochée pour sa marche, se retourna.

Sébastien poussa un faible cri de joie. C'était bien elle, toujours elle.

La femme, de son côté, voyant un enfant qui la suivait les bras tendus, ne comprenant rien à cette poursuite, arriva au haut d'un escalier et se lança par les degrés.

Mais à peine avait-elle descendu un étage que Sébastien apparut à son tour au bout du corridor, en criant : Madame, Madame !

Cette voix produisit une sensation étrange dans tout l'être de cette jeune femme, il lui sembla qu'un coup la frappait au cœur, moitié douloureux, moitié charmant, et du cœur courant avec le sang par les veines, répandait un frisson par tout son corps.

Et cependant, ne comprenant rien à cet appel ni à l'émotion qu'elle éprouvait, elle doubla le pas et de la course passa en quelque sorte à la fuite.

Mais elle n'avait plus sur l'enfant assez d'avance pour lui échapper.

Ils arrivèrent presqu'ensemble au bas de l'escalier.

La jeune femme se lança dans la cour, une voiture l'y attendait, un domestique tenait ouverte la portière de la voiture.

Elle y entra rapidement et s'y assit.

Mais, avant que la portière se fut re-refermée, Sébastien s'était glissé entre les domestiques et la portière, et ayant saisi le bas de la robe de la fugitive, il la baisait avec passion en s'écriant :

— Oh ! madame ! oh ! madame !

La jeune femme alors regarda ce charmant enfant qui l'avait effrayée d'abord, et d'une voix plus douce qu'elle n'avait l'habitude, quoique cette voix eût encore conservé un mélange d'émotion et de frayeur.

— Eh bien, dit-elle, mon ami, pourquoi courez-vous après moi, pourquoi m'appelez-vous, que me voulez-vous?

— Je veux, dit l'enfant d'une voix haletante, je veux vous voir, je veux vous embrasser; puis d'une voix assez basse pour que la jeune femme seule pût l'entendre, je veux vous appeler *ma mère !*

La jeune femme jeta un cri, prit la tête de l'enfant dans ses deux mains, et comme par une révélation subite, l'approchant vivement d'elle, colla ses deux lèvres ardentes sur son front.

Puis, comme si elle eût craint à son tour que quelqu'un ne vînt et ne lui enleva cet enfant qu'elle venait de retrouver, elle l'attira à elle jusqu'à ce qu'il fût tout entier dans la voiture, elle le poussa du côté opposé, tira elle-même la portière et abaissant la glace qu'elle releva aussitôt.

— Chez moi, dit-elle, rue Coq-Héron, n° 9, à la première porte cochère, en partant de la rue de la Plâtrière.

Puis se retournant vers l'enfant :

— Ton nom? demanda-t-elle.

— Sébastien.

— Ah! viens, Sébastien, viens là, là, là, sur mon cœur.

Puis se renversant en arrière, comme si elle était prête à s'évanouir.

— Oh! murmura-t-elle, qu'est-ce donc que cette sensation inconnue, serait-ce ce qu'on appelle le bonheur?

X

Le Pavillon d'Andrée.

La route ne fut qu'un long baiser échangé entre la mère et le fils.

Ainsi, cet enfant, car son cœur n'avait pas douté un instant que ce fût lui, cet enfant qui lui avait été enlevé dans une nuit terrible, nuit d'angoisse et de déshonneur; cet enfant qui avait disparu sans que son ravisseur laissât d'autre trace que l'empreinte de ses pas sur la neige; cet enfant qu'elle avait détesté, maudit d'abord, tant qu'elle n'avait pas entendu son premier cri, recueilli son premier vagissement; cet enfant qu'elle avait appelé, cherché, redemandé, que son frère avait poursuivi dans la personne de Gilbert jusque sur l'Océan; cet enfant qu'elle avait regretté quinze ans, qu'elle avait désespéré de revoir jamais, auquel elle ne songeait plus que comme on songe à un mort bien-aimé, à une ombre chérie; cet enfant, voilà que tout à coup, là où elle devait le moins s'attendre à le rencontrer, il la trouve par miracle; par miracle la reconnaît, court après elle à son tour, la poursuit, l'appelle sa mère ; cet enfant, voilà que sans l'avoir jamais vue, il l'aime d'un amour filial comme elle l'aime d'un amour maternel ; voilà que sa lèvre, pure de tout baiser, retrouve toutes les joies de sa vie perdue, dans le premier baiser qu'elle donne à son enfant !

Il y avait donc au-dessus de la tête des hommes quelque chose de plus que ce vide où roulent les mondes, il y avait donc dans la vie autre chose que le hasard et la fatalité.

« Rue Coq-Héron, n° 9, à la première porte cochère en partant de la rue Plâtrière, avait dit la comtesse de Charny.

Étrange coïncidence, qui ramenait,

après quatorze ans passés, l'enfant dans la même maison où il était né, où il avait aspiré les premiers souffles de la vie, et d'où il avait été enlevé par son père.

Cette petite maison, achetée autrefois par le père Tavernay, lorsqu'avec cette grande faveur dont la reine avait honoré sa famille, un peu d'aisance était rentrée dans l'intérieur du baron, était habitée par un vieux concierge qui semblait, par les anciens propriétaires, avoir été vendu avec la maison : elle servait de pied à terre au jeune homme quand il revenait de ses voyages, ou à la jeune femme quand elle touchait à Paris.

Après cette dernière scène qu'Andrée avait eue avec la reine, après la nuit passée auprès d'elle, Andrée s'était résolue à s'éloigner de cette rivale, qui lui renvoyait le contre-coup de chacune de ses douleurs, et chez laquelle les malheurs de la reine, si grands qu'ils fussent, restaient toujours au-dessous des angoisses de la femme.

Aussi, dès le matin, elle avait envoyé sa femme de chambre dans la petite maison de la rue Coq-Héron, avec ordre de préparer le petit pavillon qui, comme on se le rappelle, se composait d'une antichambre, d'une petite salle à manger, d'un salon et d'une chambre à coucher.

Autrefois Andrée avait fait, pour loger Nicole auprès d'elle, du salon une seconde chambre à coucher; mais depuis, cette nécessité ayant disparu, chaque pièce avait été rendue à sa destination première, et la femme de chambre, laissant le bas entièrement libre à sa maîtresse qui, d'ailleurs, n'y venait que bien rarement et toujours seule, s'était accommodée d'une petite mansarde pratiquée dans les combles.

Puis elle s'était excusée près de la reine de ne point garder cette chambre voisine de la sienne, sur ce que la reine étant si étroitement logée, avait plutôt besoin près d'elle d'une de ses femmes de chambre, que d'une personne qui *n'était point particulièrement attachée à son service.*

La reine n'avait point insisté pour garder Andrée, ou plutôt n'avait insisté que selon les strictes convenances, et vers quatre heures de l'après-midi, la femme de chambre d'Andrée étant venue lui dire que le pavillon était prêt, elle avait ordonné à sa femme de chambre de partir à l'instant même pour Versailles, de réunir ses effets que, dans la précipitation du départ, elle avait laissés dans l'appartement qu'elle occupait au château, et de lui rapporter le lendemain ces effets à la rue Coq-Héron.

A cinq heures, la comtesse de Charny avait en conséquence quitté les Tuileries, regardant comme un adieu suffisant le peu de mots qu'elle avait dits le matin à la reine, en lui rendant la facilité de disposer de la chambre qu'elle avait occupée une nuit.

C'était en sortant de chez la reine, ou plutôt de la chambre attenante à celle de la reine, qu'elle avait traversé le salon vert où attendait Sébastien, et que, poursuivie par lui, elle avait fui à travers les corridors, jusqu'au moment où Sébastien s'était précipité après elle dans le fiacre qui, commandé d'avance par la femme de chambre, l'attendait à la porte des Tuileries, dans la cour des Princes.

Ainsi tout concourait à faire pour Andrée, de cette soirée, une soirée heureuse, et que rien ne devait troubler. Au lieu de son appartement de Versailles ou sa chambre de Paris, où elle n'eût pas pu recevoir cet enfant si miraculeusement retrouvé, où elle n'eût pas pu du moins se livrer à toute l'expansion de son amour maternel, une maison à elle seule, un pavillon isolé, sans domestique, sans femme de chambre, sans un seul regard interrogateur enfin.

Aussi était-ce avec une expression de joie bien sentie qu'elle avait donné l'adresse que nous avons inscrite plus haut, et qui a donné matière à toute cette digression.

Six heures sonnaient comme la porte cochère s'ouvrait, à l'appel du cocher, et comme le fiacre s'arrêtait devant la porte du pavillon.

Andrée n'attendit pas même que le cocher descendît de son siége, elle ouvrit la portière, sauta sur la première marche du perron, tirant Sébastien après elle.

Puis, donnant vivement au cocher une pièce de monnaie, qui faisait le double à peu près de ce qui lui revenait, elle s'élança, toujours tenant Gilbert par la main, dans l'intérieur du pavillon, après avoir fermé avec soin la porte de l'antichambre.

Arrivée au salon, elle s'arrêta.

Le salon était éclairé seulement par le feu brûlant dans l'âtre, et par deux bougies allumées sur la cheminée.

Andrée entraîna son fils sur une espèce de causeuse, où se concentrait la double lumière des bougies et du feu.

Puis avec une explosion de joie dans laquelle tremblait encore un dernier doute.

— Oh mon enfant, mon enfant, dit-elle, c'est donc bien toi ?

— Ma mère, répondit Gilbert avec un épanouissement de cœur qui se répandit comme une rosée adoucissante sur le cœur bondissant et dans les veines fiévreuses d'Andrée.

— Et ici ! ici ! s'écria Andrée en regardant autour d'elle et en se retrouvant dans le même salon où elle avait donné le jour à Sébastien, et en jetant avec terreur les yeux vers cette même chambre d'où il avait été enlevé.

— Ici ? répéta Sébastien, que veut dire cela ma mère ?

— Cela veut dire, mon enfant, que voilà bientôt quinze ans tu naquis dans cette même chambre où nous sommes, et que je bénis la miséricorde du Seigneur tout-puissant qui au bout de quinze ans t'y a miraculeusement ramené.

— Oh oui, miraculeusement, dit Gilbert, car si je n'eusse pas craint pour la vie de mon père, je ne fusse point parti seul et n'eusse point été embarrassé de savoir celle des deux routes qu'il fallait prendre. Je n'eusse point attendu sur le grand chemin, je n'eusse point interrogé M. Isidore de Charny en passant, il ne m'eût point reconnu, ne m'eût point offert de venir à Paris avec lui, ne m'eût point conduit au palais des Tuileries et aussi je ne vous eusse pas vue au moment où vous traversiez le salon vert, je ne vous eusse pas reconnue, je n'eusse point couru après vous, je ne vous eusse pas rejoint, je ne vous eusse point enfin appelé ma mère, ce qui est un mot bien doux et bien tendre à prononcer.

A ces mots de Sébastien, « si je n'eusse pas craint pour la vie de mon père. » — Andrée avait senti un serrement de cœur aigu, elle avait fermé les yeux et renversé sa tête en arrière.

— A ceux-ci : « M. Isidore de Charny, ne m'eût point reconnu et ne m'eût point offert de venir à Paris avec lui, ne m'eût point conduit au palais des Tuileries, » ses yeux se rouvrirent, son cœur se desserra, son regard remercia le ciel, car en effet c'est bien un miracle qui lui ramenait Sébastien conduit par le frère de son mari.

Enfin à ceux-ci : « je ne vous eusse point appelée ma mère, ce qui est un mot bien doux et bien tendre à prononcer ; » rappelée au sentiment de son bonheur, elle serra de nouveau Sébastien sur sa poitrine.

— Oh ! oui tu as raison, mon enfant, dit-elle, bien doux, il n'y en a qu'un plus doux et plus tendre peut-être, c'est celui que je dis en te serrant sur mon cœur. Mon fils ! mon fils !

Puis il y eut un instant de silence pendant lequel on n'entendait que le doux frémissement des lèvres maternelles errant sur le front de l'enfant.

— Mais enfin, s'écria tout à coup Andrée il est impossible que tout reste ainsi toujours mystérieux en moi et autour de moi, tu m'as bien expliqué comment tu étais là, mais tu ne m'as pas expliqué comment tu m'avais reconnue, comment tu avais couru après moi, comment tu m'avais appelée ta mère.

— Comment vous dirais-je cela ? répondit Sébastien en regardant Andrée avec une indicible expression d'amour, je ne le sais pas moi-même, vous parlez de mystères, tout est mystérieux en moi comme en vous.

— Mais enfin, quelqu'un t'a donc dit au moment où je passais : enfant, voilà ta mère.

— Oui, mon cœur !

— Ton cœur ?...

— Ecoutez, ma mère, et je vais vous dire une chose qui tient du prodige...

Andrée s'approcha encore de l'enfant tout en jetant un regard au ciel comme pour le remercier, de ce qu'en lui rendant son fils il le lui rendait ainsi :

— Il y a dix ans que je vous connais, ma mère.

Andrée tressaillit.

Tout en regardant, Andrée secoua la tête.

— Laissez-moi vous dire, j'ai parfois des rêves étranges que mon père appelle des hallucinations.

Au souvenir de Gilbert il passa comme une pointe d'acier des lèvres de l'enfant à son cœur. Andrée frissonna.

— Vingt fois déjà, je vous ai vue, ma mère.

— Comment cela ?

Dans ces rêves dont je vous parlais tout à lheure.

Andrée pensa de son côté à ces rêves terribles qui avaient agité sa vie et à l'un desquels l'enfant devait sa naissance.

— Imaginez-vous, ma mère, continua Sébastien que tout enfant, lorsque je jouais avec les enfants du village et que je restais dans le village, mes impressions étaient celles des autres enfants et rien ne m'apparaissait que les objets réels et véritables. Mais dès que j'avais quitté le village, dès que je passais les derniers jardins, dès que j'avais franchi la lisière de la forêt, je sentais passer près de moi comme le frôlement d'une robe. J'étendais les bras pour la saisir.

Mais je ne saisissais que l'air, alors le fantôme s'éloignait, mais d'invisible qu'il était d'abord il se faisait visible peu à peu, c'était une vapeur, d'abord transparente comme un nuage, semblable à celle dont Virgile enveloppe la mère d'Énée quand elle apparaissait à son fils sur la montagne de Carthage ; peu à peu cette vapeur s'épaississait et prenait une forme humaine. Cette forme humaine qui était celle d'une femme glissait sur le sol plutôt qu'elle ne marchait sur la terre. Alors un pouvoir inconnu, étrange, irrésistible, m'entraînait après elle ; elle s'enfonçait dans les endroits les plus sombres de la forêt et je l'y poursuivais les bras tendus, muet comme elle ; car quoique j'essayasse de l'appeler, jamais ma voix n'est parvenue à articuler un son, et je la poursuivais ainsi sans qu'elle s'arrêtât, sans que je pusse la joindre, jusqu'à ce que le prodige qui m'avait annoncé sa présence me signalât son départ. La forme humaine s'effaçait peu à peu, mais elle semblait autant souffrir que moi de cette volonté du ciel qui nous séparait l'un de l'autre ; car elle s'éloignait en me regardant, et moi, écrasé de fatigue comme si je n'eusse été soutenu que par sa présence, je tombais à l'endroit même où elle avait disparu.

Cette espèce de seconde existence de Sébastien, ce rêve vivant dans sa vie, ressemblait trop à ce qui était arrivé à Andrée elle-même pour qu'elle ne se reconnût pas dans son enfant.

— Pauvre ami, dit-elle, en le serrant sur son cœur, c'était donc inutilement que la haine l'avait éloigné de moi, Dieu nous avait rapprochés sans que je m'en doutasse. Seulement moins heureux que toi, mon cher enfant, je ne te voyais ni en rêve, ni en réalité; et cependant quand je suis passée dans ce salon vert, un frissonnement m'a pris, quand j'ai entendu tes pas derrière les miens, quelque chose comme un vertige a passé entre mon esprit et mon cœur, quand tu m'as appelée madame, j'ai failli m'arrêter, quand tu m'as appelée ma mère, j'ai failli m'évanouir, quand je t'ai touché, je t'ai reconnu.

—Ma mère, ma mère, ma mère, répéta trois fois Sébastien, comme s'il eût voulu consoler Andrée d'avoir été si longtemps sans entendre prononcer ce doux nom.

— Oui, oui, ta mère, répéta la jeune femme avec un transport d'amour impossible à décrire.

— Et maintenant que nous nous sommes retrouvés, dit l'enfant, puisque tu es si contente et si heureuse de me revoir, nous ne nous quitterons plus, n'est-ce pas ?

Andrée tressaillit ; elle avait saisi le présent au passage, en fermant à moitié les yeux sur le passé, en les fermant tout à fait sur l'avenir.

— Mon pauvre enfant, murmura-t-elle avec un soupir, comme je te bénirais, si tu pouvais opérer un pareil miracle.

— Ecoute, dit Sébastien, laisse-moi faire, et j'arrangerai tout cela, moi.

— Et comment? demanda Andrée.

— Je ne connais point les causes qui t'ont séparée de mon père. Andrée pâlit. Mais si graves que soient ces causes, elles s'effaceront devant mes prières et devant mes larmes, s'il le faut.

Andrée secoua la tête.

— Jamais, jamais! dit-elle.

— Ecoute, dit Sébastien, qui, d'après ces mots que lui avait dit Gilbert — *En-*

fant, ne me parle jamais de ta mère — avait dû croire que les torts de la séparation étaient à celle-ci, écoute. Mon père m'adore — les mains d'Andrée qui tenaient celles de son fils se desserrèrent, l'enfant ne parut point y faire, et peut-être n'y fit point attention.

Il continua.

— Je le préparerai à te revoir, je lui raconterai tout le bonheur que tu m'as donné ; puis un jour, je te prendrai par la main, je te conduirai à lui, et je lui dirai : — « la voilà, » regarde, père, comme elle est belle.

Andrée repoussa Gilbert et se leva.

L'enfant la regarda ; elle était si pâle, qu'elle lui fit peur.

— Jamais, répéta-t-elle, jamais !

Et cette fois son accent exprimait quelque chose de plus que l'effroi, il exprimait la menace.

A son tour l'enfant se recula sur son canapé. — Il venait de découvrir dans ce visage de femme ces lignes terribles que Raphaël donne aux anges irrités.

— Et pourquoi, demanda-t-il d'une voix sourde, refuses-tu de voir mon père ?

A ces mots, comme au choc de deux nuages pendant une tempête, la foudre éclata.

— Pourquoi, dit Andrée, tu me demandes pourquoi, en effet, pauvre enfant tu ne sais rien.

— Oui, dit Sébastien avec fermeté, je demande pourquoi?

— Eh bien, répéta Andrée, incapable de contenir plus longtemps toutes les morsures du serpent haineux qui lui rongeait le cœur — parce que ton père est un misérable! — parce que ton père est un infâme!

Sébastien bondit du meuble où il était accroupi, et se trouva devant Andrée.

— C'est de mon père que vous dites cela, Madame! s'écria-t-il, de mon père! c'est-à-dire du docteur Gilbert, — de celui qui m'a élevé, — de celui à qui je dois tout, — de celui que seul je connais. Je me trompais, Madame, vous n'êtes pas ma mère.

L'enfant fit un mouvement pour s'élancer vers la porte.

Andrée l'arrêta.

— Ecoute, dit-elle, tu ne peux savoir, tu ne peux comprendre, tu ne peux juger.

— Non, mais je puis sentir, et je sens que je ne vous aime plus.

Andrée jeta un cri de douleur.

Mais au même instant un bruit extérieur vint faire diversion à l'émotion qu'elle éprouvait, quoique cette émotion l'eût momentanément envahie tout entière.

Ce bruit, c'était celui de la porte de la rue qui s'ouvrait, et d'une voiture qui s'arrêtait devant le perron.

Il courut à ce bruit un tel frisson dans les membres d'Andrée que ce frisson passa de son corps dans celui de l'enfant.

— Écoute, lui dit-elle, écoute et tais-toi.

L'enfant subjugué obéit.

On entendit s'ouvrir la porte de l'antichambre et des pas s'approcher de celle du salon.

Andrée se redressa immobile, muette, les yeux fixés sur la porte, pâle et froide comme la statue de l'attente.

— Qui annoncerai-je à Madame la comtesse, demanda la voix du vieux concierge.

— Annoncez le comte de Charny, et demandez à la comtesse si elle veut me faire l'honneur de me recevoir.

— Oh! s'écria Andrée, dans cette chambre, enfant, dans cette chambre, il ne faut pas qu'il te voie, il ne faut pas qu'il sache que tu existes.

Et elle poussa l'enfant effaré dans la chambre voisine.

Puis en refermant la porte sur lui :

— Attends là, dit-elle, et quand il sera parti, je te dirai, je te raconterai... non, non, rien de tout cela... je t'embrasserai, et tu comprendras que je suis bien réellement ta mère.

Sébastien ne répondit que par une espèce de gémissement.

En ce moment, la porte de l'antichambre s'ouvrit, et le vieux concierge, son bonnet à la main, s'acquitta de la commission dont il était chargé. Derrière lui, dans la pénombre, l'œil perçant d'Andrée devinait une forme humaine.

— Faites entrer M. le comte de Charny, dit-elle de la voix la plus ferme qu'elle pût trouver.

Le vieux concierge se retira en arrière, et le comte de Charny, la tête découverte, parut à son tour sur le seuil.

FIN DU PREMIER VOLUME.

TABLE

DU PREMIER VOLUME

Chap. I. Où il est discuté sur la véritable signification du mot FIN. 1
II. Le Cabaret du pont de Sèvres. . , . . 55
III. Maître Gamain. 61
IV. Cagliostro. . . . . .
V. La Fatalité . . . . : 125
VI. Les Tuileries. 173
VII. Les quatre Bougies. 201
VIII. La route de Paris. 225
IX. L'Apparition. 255
X. Le pavillon d'Andrée. 275

Imp. de E. Dépée, à Sceaux.

Ouvrages de A. de Gondrecourt.

Le Baron Lagazette.	5 vol.
Le Chevalier de Pampelonne.	5 vol
Mademoiselle de Cardonne.	3 vol.
Les Prétendants de Catherine.	5 vol.
La Tour de Dago.	5 vol.
Le Bout de l'Oreille.	7 vol.
Un Ami diabolique.	3 vol.
Médine.	2 vol.
La Marquise de Candeuil.	2 vol.
Le Légataire.	2 vol.
Le dernier des Kerven.	2 vol.
Les Péchés mignons.	5 vol.

Ouvrages d'Alexandre Dumas fils.

Le Roman d'une Femme.	4 vol.
Tristan-le-Roux.	3 vol.
Le Docteur Servans.	2 vol.
Césarine.	1 vol.
Aventures de quatre femmes.	6 vol.

Ouvrages de Léon Gozlan.

Georges III.	3 vol.
Aventures du Prince de Galles.	5 vol.
La Marquise de Belverano.	2 vol.

Fontainebleau, imprimerie de E. Jacquin.

www.ingramcontent.com/pod-product-compliance
Lightning Source LLC
Chambersburg PA
CBHW060416170426
43199CB00013B/2166